Burckhardt Löber, A. Pérez Martín · Wohnungseigentum in Spanien

EIW

Dr. Burckhardt Löber
Rechtsanwalt und Notar
Dr. Antonio Pérez Martín
Professor

WOHNUNGS-EIGENTUM IN SPANIEN

Deutsch/spanische Gesetzesausgabe
Praktische Erläuterungen
Zweisprachige Formularsammlung

2. Auflage

edition für internationale wirtschaft
Frankfurt 1981

Rechtsanwalt und Notar

Löber, Reichmann und Partner
Schillerstraße 2
D–6000 Frankfurt 1

Bufete J. y. B. Cremades
Goya, 18 – 2
E–Madrid 1

CIP-Kurztitelaufnahme der Deutschen Bibliothek
Wohnungseigentum in Spanien: Deutsch/spanische Gesetzesausgabe, praktische Erläuterungen, zweisprachige Formularsammlung
Burckhardt Löber/Antonio Pérez Martín
Frankfurt/Main, Edition für internationale Wirtschaft
1. Auflage 1974; 2. Auflage 1981
ISBN 3-921-326-00-1

edition für internationale wirtschaft gmbh
Postfach 2767 · D–6000 Frankfurt/Main 1

Inhaltsverzeichnis

Vorbemerkung

Wohnungseigentum wird von Ausländern in Spanien in aller Regel erworben, weil man sich entschlossen hat, auf lange Sicht seinen Urlaub, sein Leben oder seinen Lebensabend in seinen eigenen vier Wänden zu verbringen. Ein vom Bundesfinanzhof anerkannter Erwerbsgrund ist auch „Liebhaberei" – im steuerlichen Sinne natürlich. Vornehmlich an diese Interessentenkreise wendet sich diese Arbeit. In gleicher Weise sollen aber mit dem Buch auch die nicht wenigen angesprochen werden, die planend, beratend, vermittelnd oder ausführend auf diesem Sektor tätig sind. Sinn der Arbeit ist es, Dinge zu klären und zu erklären, die wegen ihrer rechtlichen und sprachlichen Kompliziertheit Schwierigkeiten bereiten. Hauptanliegen der Verfasser ist es, dem deutschsprachigen Wohnungseigentümer in Spanien und dem sonstwie hieran Interessierten eine klare, knappe und praktisch brauchbare Studie und Übersetzung in die Hand zu geben. Schließlich ist Spanien mit Ausnahme der Bundesrepublik das Land in Europa, in dem sich die meisten Eigentumswohnungen deutscher Staatsangehöriger befinden.

Auf eine Auseinandersetzung mit wissenschaftlichen Lehrmeinungen sowie auf eine Kommentierung von Gesetzesstellen, die ohne weiteres verständlich erscheinen, wurde bewußt verzichtet.* Andererseits wurden schwerpunktmäßig Probleme behandelt, die für den Wohnungseigentümer von elementarem Interesse sind, sich jedoch nicht ohne weiteres aus dem spanischen Wohnungseigentumsgesetz ergeben. Die kritische Auseinandersetzung mit Problemen soll nicht so verstanden werden, als böte das Wohnungseigentum in Spanien besonders viele Probleme. Aus praktischer Sicht erschien es jedoch geboten, gerade solche Punkte zu behandeln, die häufig Gegenstand von Auseinandersetzungen sind und teilweise auch ihren Niederschlag in gerichtlichen Entscheidungen gefunden haben. Der Leser, dem die Schönheit des Wohnens in Spanien aus Prospekten oder aus eigenem Erleben bekannt ist, soll bisweilen bewußt auf Schlechtwetterlagen hingewiesen werden. Nicht beabsichtigt ist es, ihn vom Erwerb abzuhalten oder seine Freude am Wohnungseigentum in Spanien zu mindern. Genau das Gegenteil. In der deutschen Textausgabe

* Die rechtstheoretische Ausgestaltung des Wohnungseigentums nach spanischem und deutschem Recht wird erläutert von Haring. Das Wohnungseigentum nach spanischem und deutschem Recht, 1976.

erscheinen bisweilen Begriffe, die dem Leser nicht ohne weiteres verständlich sein werden; hier muß auf die Erläuterungen zurückgegriffen werden. Soweit es möglich war, wurden statt abstrakter Beschreibungen Beispiele aufgeführt, da es Ziel der Studie ist, insbesondere auch dem juristisch nicht vorgebildeten Leser eine aus sich verständliche Einführung und Hilfe zu geben. Bei der Übersetzung des spanischen Wohnungseigentumsgesetzes mußten sich die Verfasser streng an das spanische Original halten, das manchmal Begriffe gebraucht und Zusammenhänge kennt, die dem deutschen Leser fremd sind. Aus praktischen Gründen schien es geboten, der deutschen Textausgabe das spanische Original gegenüberzustellen; bei eventuellen Meinungsverschiedenheiten mit Verwaltern, Miteigentümern oder Behörden soll der Wohnungseigentümer jeweils auf den spanischen Originaltext des Gesetzes hinweisen können.

Die vorliegende Studie beschränkt sich bewußt auf die spezifischen Probleme des Wohnungseigentums in Spanien. Die Abhandlung „Grundeigentum in Spanien" befaßt sich hingegen allgemein mit Fragen des spanischen Immobilienrechts, wie auch mit Problemen der Vermietung und mit Vermietungsgesellschaften von Ferieneigentum. Zahlreiche, einschlägige spanische Gesetzesbestimmungen werden in deutscher Übersetzung wiedergegeben. Weiter befaßt sich das Buch mit der Urbanisationsmaterie. Dieses Werk mit dem Untertitel „Handbuch für Eigentümer, Käufer und Verkäufer" sollte bei Bedarf ergänzend herangezogen werden.

A. Erläuterungen

1. Was heißt Wohnungseigentum in Spanien?

Wenn man das spanische Wohnungseigentumsgesetz betrachtet und - frei nach dem Filmtitel - meint, „Napoleon ist an allem schuld", liegt man nicht ganz falsch, denn Ursprung der meisten Kodifikationen von Wohnungseigentumsgesetzen - so auch der spanischen - ist Artikel 664 des Napoleonischen Code Civil. Es ist auch keine Besonderheit des spanischen Wohnungseigentums, wenn man es als gesetzlich geregeltes Spannungsverhältnis dreier Elemente bezeichnet: Des Sondereigentums am einzelnen Appartement oder Geschäftsraum, des Miteigentums an den Gemeinschaftselementen und des sich hieraus ergebenden notwendigen nachbarschaftlichen Gemeinschaftsverhältnisses. Das Gesetz ist geschaffen worden, um Spannungen nach Möglichkeit gar nicht erst entstehen zu lassen, und, falls solche aufgekommen sind - was bei engem Zusammenleben natürlich erscheint -, diese abzubauen oder zumindest zu kanalisieren, das heißt, in rechtlich meßbare Bahnen zu lenken.

Der oberste spanische Gerichtshof* gibt folgende Definition: „Das sogenannte Wohnungseigentum ist ein Rechtsinstitut komplexer Natur, in dem ein gewöhnliches Alleineigentumsrecht an verschiedenen Wohnungen oder Geschäftsräumen und ein Herrschaftsrecht „sui generis" an den übrigen gemeinschaftlichen Elementen bestehen."

Weil der Mensch nicht nur Wohnungen, sondern auch Geschäfte braucht - und zwar möglichst in der Nähe seiner Wohnungen -, regelt das Gesetz nicht nur das Eigentum an Wohnungen, sondern auch an Geschäftsräumen. Die meisten Bundesdeutschen haben indes in Spanien nur Wohnungen und keine Geschäfte. Deshalb soll hier auch vorwiegend von Wohnungen die Rede sein.

Wohnungseigentum wird zumeist erworben, weil es urban liegt und der Mensch trotz romantischer Träume vom einsamen und schwer zugänglichen Chalet zwischen Meer und den Bergen die Urbanität liebt. Daneben spielen natürlich andere Gründe wie die Kostenfrage und die Bewirtschaftung eine Rolle. Der Quadratmeterpreis einer Eigentumswohnung ist niedriger als der eines Einzelhauses. Eine Eigentumswohnung läßt sich auch leichter und besser bewirtschaften als ein Einfamilienhaus. Sie läßt sich schneller bewohnbar machen als ein Ferienhaus und ist auch weniger problemlos „einzumotten" als dieses.

Was in Deutschland als „Appartement" bezeichnet wird, heißt in Spanien „apartamento" oder „piso". Piso heißt auch Stockwerk.

Die Zeiten der Großfamilie, in denen vielerorts ein ganzes Stockwerk nur einer Familie als Wohnung Obdach bot, sind vorüber. Im Zeichen des allgemeinen Fortschritts sind heute auf einem Stockwerk zahlreiche Appartements anzutreffen. Die Probleme der Miteigentümer sind deshalb eher größer geworden, auch wenn man dabei primär nicht an Stereoanlagen, Schlagbohrer zu nächtlicher Stunde oder andere Dinge denkt, die dem Nachbarn die

* Urteil des Tribunal Supremo vom 10. Mai 1965.

eigene Präsenz und den Besitzanspruch an seinen eigenen vier Wänden aufzeigen sollen.

Wohnungseigentum in Spanien folgt ähnlichen Grundprinzipien wie Wohnungseigentum in anderen Ländern. Die Allmacht des Verwalters ist gegenüber der deutschen Regelung gemäßigt. Der Verwalter kann in Spanien durch Mehrheitsbeschluß abgesetzt werden. Eine freudige Botschaft für solche, die sich in den Schwierigkeiten auskennen, wenn es darum geht, einen Verwalter in Deutschland von seinem Posten zu entfernen. Dafür hat in Spanien der Präsident der Eigentümergemeinschaft mehr Rechte. Der Präsident muß aber notwendigerweise selbst ein Appartement oder ein Geschäftslokal besitzen, oder aber gesetzlicher Vertreter des Eigentümers (z. B. einer juristischen Person) sein, um dieses Amt bekleiden zu können. Das ist auch gut so, weil in der Regel so die Interessen der Miteigentümer gut vertreten werden. Es gibt auch unwesentliche Unterschiede zwischen der deutschen und der spanischen Regelung: Die Gemeinschaftsanteile werden in Spanien in Hundertstel-Anteilen ausgedrückt, in Deutschland in Promille.

2. Wie wird Wohnungseigentum in Spanien begründet?

Voraussetzung für die Schaffung von Wohnungs- und Geschäftsraumeigentum ist die selbständige Nutzungsfähigkeit der einzelnen Wohnung und der einzelnen Geschäftsraumeinheit. Als Mindestvoraussetzung nennt das Gesetz in Artikel I einen eigenen Eingang, der entweder an der Gemeinschaftsanlage oder an einem öffentlichen Weg liegen muß. Kann mithin eine Wohnung nicht von einem Flur, Hof, der Straße oder von einem allgemein zugänglichen Ort erreicht werden, sondern muß das Sondereigentum Dritter betreten werden, so kann dieser Wohnung nicht die Qualifikation einer selbständigen Eigentumswohnung zuerkannt werden.

Das spanische Wohnungseigentumsgesetz hat sich als so flexibel erwiesen, daß es die rechtliche Gestaltung von architektonischen Formen zuläßt, die über ein einzelnes Gebäude hinausgehen. Es ist anerkannt, daß auch Reihenhäuser der Regelung des Wohnungseigentumsgesetzes unterworfen werden können, also eine ganze Gruppe von Gebäudeeinheiten. Voraussetzung ist indes, daß diese ein organisches Ganzes bildet. Es ist auch zu beobachten, daß teilweise ganze Urbanisationen das spanische Wohnungseigentumsgesetz entsprechend für die Regelung der anfallenden Probleme anwenden und sich ihm unterwerfen.

Das Gesetz spricht einerseits denjenigen an, der ein bestehendes Haus in Eigentumswohnungen und Geschäftslokale umwandeln will; andererseits befaßt es sich eingehend mit dem weitaus häufigeren und auch wohl typischen Fall, daß Eigentumswohnungen und Geschäftslokale im Rahmen einer Gesamtanlage neu errichtet werden. Die Problematik ist im Falle der Umwandlung die gleiche wie bei der Neuerrichtung. Das spanische Wohnungseigentumsgesetz sagt in seinem Artikel 12, daß Wohnungs- und Geschäftsraumeigentümer dann nicht verpflichtet sind, ihr Eigentum den Bestimmungen dieses Gesetzes zu unterwerfen, „wenn ihre Zahl vier nicht überschreitet und sie es ausdrücklich in ihrer Satzung bestimmen". In einem solchen Falle regeln sich das Sonder- und Gemeinschaftseigentum sowie die hieraus folgenden Rechte und Pflichten nach den Regeln der Gemeinschaft (Artikel 398 des Código Civil).

In allen übrigen Fällen regelt das spanische Wohnungseigentumsgesetz verbindlich die Rechtsbeziehungen der Beteiligten hinsichtlich ihrer Eigentumswohnungen. Auch wenn sämtliche Miteigentümer Ausländer - beispielsweise Deutsche - sind, können sie das deutsche Wohnungseigentumsrecht ihren Rechtsbeziehungen in Spanien nicht zugrunde legen, auch wenn sie dies ausdrücklich vereinbaren. Dies ergibt sich aus dem Grundsatz, daß bei unbeweglichen Sachen und den aus ihnen folgenden dinglichen Rechtsbeziehungen das Recht des Ortes beziehungsweise des Landes maßgeblich ist, in dem sich die Sache befindet.

Bei den nachstehenden Ausführungen wird von dem typischen Fall ausgegangen, daß nämlich Wohnungs- und Geschäftsraumeigentum bereits nach den Regeln des spanischen Wohnungseigentumsgesetzes begründet ist oder begründet werden soll. Dieser Vorgang ist zu vergleichen mit der Teilung eines Gesamtgrundstücks, auf dem Gebäude mehrerer voneinander unabhängiger Eigentümer errichtet werden sollen. Was beim Gesamtgrundstück die Teilung (segregación), das ist bei einem Grundstück mit konzipierten Eigentumswohnungen die Teilungserklärung oder nach spanischer Diktion der Errichtungstitel (título constitutivo). Das einzelne Wohnungs- und Geschäftsraumeigentum hat nach seiner Begründung rechtlich selbständige Qualität erlangt, auch wenn es mit dem restlichen Sondereigentum - nämlich den übrigen Eigentumswohnungen oder -lokalen - weiterhin durch die Bande des Miteigentums an den gemeinschaftlichen Elementen verbunden bleibt. Der Errichtungstitel muß wie jede sonstige Erklärung oder Verfügung, die in das Grundbuch eingetragen werden soll, öffentlich beurkundet sein; das heißt praktisch, daß eine notarielle Urkunde aufgenommen werden muß. Inhaltlich muß der Errichtungstitel nach Artikel 5 insbesondere folgendes enthalten:

a) Teilungserklärung (División Horizontal) - titulo constitutivo

Beschreibung der Gesamtanlage, Beschreibung des Gemeinschaftseigentums, Beschreibung der einzelnen Wohnungen und der einzelnen Geschäftslokale hinsichtlich der Abgrenzungen, der Größe, der Angabe des Stockwerks, der dazugehörenden Räumlichkeiten wie Keller, Boden, Garage.

Jedes einzelne Wohnungseigentum erhält eine fortlaufende Nummer. Nach Artikel 2 des Wohnungseigentumsgesetzes, durch den Artikel 8 Ziffer 5 des Hypothekengesetzes eingefügt wurde, werden Wohnungen oder Geschäftslokale eines Gebäudes unter der Regelung des Wohnungseigentumsgesetzes wie ein Grundstück im Grundbuch eingetragen, sofern zuvor bei der Eintragung des Gebäudes feststeht, daß Wohnungseigentum nach dem spanischen Wohnungseigentumsgesetz gebildet worden ist.

Im Errichtungstitel müssen auch die Quoten der einzelnen Appartements und Geschäftslokale im Verhältnis zur Gesamtanlage festgelegt werden. Die Anteile oder Quoten werden in hundertstel Anteilen ausgedrückt. In ihnen kommt einerseits der Miteigentumsanteil an den Gemeinschaftsanlagen zum Ausdruck; andererseits dient die Quote als Schlüssel zur Berechnung der Umlagen und - leider sehr selten - auch für die Verteilung von Einnahmen der Gemeinschaft.

Die Quote richtet sich - sollte sich zumindest - nicht nur nach der Quadratmeterzahl der Wohnung, sondern auch nach deren Wert, der Lage und der üblicherweise zu erwartenden Inanspruchnahme (Artikel 3 b II, 5 II). So ist die Beteiligungsquote einer Wohnung, die als Pension oder Praxis gewerblich oder freiberuflich genutzt werden soll, höher als die eines nur Wohnzwecken dienenden Appartements. Eine Wohnung mit Blick auf das Meer ist teurer als eine mit Hinterhofaussicht. Da Kriterium für die Festsetzung der Quote in aller Regel auch der Wert des Appartements ist, können die Quoten von „Meerblick-Appartements" damit auch höher sein als die anderer Appartements.

b) Sonderrechte einzelner

Im Errichtungstitel kann sich der Grundeigentümer das Eigentum an Grund und Boden vorbehalten, obwohl Artikel 1 in seiner Aufzählung der Gemeinschaftselemente - also des Miteigentums sämtlicher Wohnungseigentümer - gerade auch den Grund und Boden als gemeinschaftliches Element bezeichnet. Die Bestimmungen der Artikel 157 bis 161 des spanischen Bodengesetzes (Ley del Suelo in der Fassung vom 2. Mai 1975, Gesetz Nr. 19/75)* lassen jedoch die dauernde Übertragung des Oberflächennutzungsrechtes (Erbbaurecht = derecho de superficie) auch dann zu, wenn auf ihm Gebäude errichtet werden, etwa solche mit Eigentumswohnungen. Wenn lediglich das Oberflächennutzungsrecht übertragen worden ist, erwirbt die Gemeinschaft der Wohnungs- und Geschäftsraumeigentümer nicht das Eigentumsrecht an Grund und Boden, sondern je nach rechtlicher Ausgestaltung nur eine Art Erbbaurecht.

Im Errichtungstitel kann sich auch ein einzelner Aufstockungsrechte oder das Recht der Aus- oder Unterkellerung vorbehalten, wobei diese Rechte natürlich ihre Grenze dort finden, wo die Wohnungs- und Geschäftsraumeigentümer ihrerseits in ihren Rechten erheblich beeinträchtigt werden. Der Errichtungstitel kann auch Bestimmungen über Rechte einzelner Wohnungs- oder Geschäftsraumeigentümer enthalten. Es handelt sich hierbei meist um Bestimmungen, wonach Vorgärten, Innenhöfe, Dachterrassen oder ähnliche Örtlichkeiten nur von den Eigentümern bestimmter Wohnungen genutzt werden können. Da der Errichtungstitel nur mit der Zustimmung sämtlicher Eigentümer modifiziert werden kann, bedeuten in ihm zum Ausdruck kommende Rechte der zuvor geschilderten Art, daß sie praktisch unabänderlich sind; denn zumindest ihr Inhaber wird gegen ihre Aufhebung stimmen. Seine Stimme würde aber die Aufhebung der Sonderrechte blockieren.

Wer ein Appartement in Spanien erwirbt, sollte deshalb nicht nur seinen Kaufvertrag sorgfältig prüfen, sondern auch einen Blick in den Errichtungstitel werfen. Sonderrechte einzelner, die auf Kosten der Allgemeinheit gehen, sind in krassen Fällen von den Gerichten aufgehoben worden. Dies geschah, obwohl sie im Errichtungstitel oder in der Satzung rechtlich abge-

* veröffentlicht im Spanischen Staatsanzeiger vom 5. Mai 1975.

sichert waren. Aufgrund der Entscheidung des Tribunal Supremo vom 18. Juni 1970* mußte sich eine Bank, die ein Hochhaus mit Eigentumswohnungen und Geschäftslokalen, unter anderem auch mit einem für ihre eigene Zweigstelle, errichtet hatte, an den quotenmäßig auf ihre Zweigstelle entfallenden Umlagen beteiligen, obwohl der Ausschluß hiervon ausdrücklich in der gemeinsam mit dem Errichtungstitel aufgestellten Satzung enthalten war.

Beispielsweise sind Bestimmungen zulässig, wonach die Wohnung nicht als Praxis genutzt oder ein Geschäftslokal keine Verwendung als Bar finden darf. Neben dem Errichtungstitel sollte man deshalb auch die Satzung studieren, bevor man sich zum Erwerb entschließt. Beim zuständigen Grundbuchamt (Registro de la Propiedad) kann beides eingesehen werden. Wohnungs- und Geschäftsraumeigentum werden durch notarielle Erklärung gegenüber dem zuständigen Grundbuchamt begründet. Eintragungsvoraussetzung ist, daß das Gebäude fertiggestellt oder zumindest begonnen worden ist, wie es Artikel 8 Ziffer 4 des Hypothekengesetzes verlangt.

In aller Regel wird der Eigentümergemeinschaft mit dem Errichtungstitel eine Satzung gegeben. Die Satzung darf den Grundprinzipien des spanischen Wohnungseigentumsgesetzes nicht widersprechen. In der Praxis ist jedoch zu beobachten, daß Gebäude im reinen Planungsstadium nicht eingetragen werden. Der Bestand der lediglich geplanten Raumeinheit ist nicht vorhanden; ein selbständiger Wert wird ihr vom Gesetzgeber nicht zugerechnet. Die spanische Rechtslehre spricht sich deshalb dagegen aus, daß eine erst geplante Raumeinheit Gegenstand eines gesonderten und unabhängigen Eigentums bereits sein kann.**

Das Wohnungseigentum kann bei Zerstörung des Gebäudes enden unter den Voraussetzungen des Artikels 21 Ziffer 1. Nach Absatz 2 der gleichen Gesetzesbestimmung kann das Wohnungseigentum sein Ende auch dadurch finden, daß es in Allein- oder gewöhnliches Miteigentum umgewandelt wird. Eine Beendigung des Wohnungseigentums dadurch, daß der einzelne einen Teilungsanspruch hinsichtlich der im Gemeinschaftseigentum stehenden An-

* abgedruckt in der Revista de Derecho Privado 1970, Seite 1058.

** Monet, Problemas de la técnica notarial en la adquisición de pisos y locales en edificios por construir, Colegio Notarial de Valencia, Valencia 1967

lagen geltend macht, kann jedoch nach Artikel 4 grundsätzlich nicht eintreten. Wie im deutschen Recht können auch die einzelnen Teile des Gemeinschaftseigentums in keinem Falle geteilt werden. Sie teilen rechtlich das Schicksal des einzelnen Wohnungs- oder Geschäftsraumeigentums. Wird dieses veräußert, belastet oder gepfändet, so bezieht sich diese Verfügung auch auf die Anteile am Gemeinschaftseigentum.

3. Wie erwirbt man Wohnungseigentum in Spanien?

Viele Bundesbürger nennen eine Eigentumswohnung in Deutschland wie in Spanien ihr eigen. Würde man sie befragen, ob es beim Eigentumserwerb Unterschiede gibt, käme sicherlich nicht viel mehr als Kopfschütteln heraus. Sie würden sagen, sie seien in Deutschland wie in Spanien zum Notar gegangen, hätten hier wie dort den Kaufvertrag unterzeichnet und seien anschließend in das Grundbuch eingetragen worden. Manchen wird zwar aufgefallen sein, daß man in Spanien in aller Regel zunächst einen privatschriftlichen Vertrag vor der Protokollierung des Kaufvertrags abschließt, doch ist ähnliches vielfach auch in Deutschland zu beobachten, wenn etwa die Eigentumswohnung über einen Makler gekauft wird.

Was äußerlich betrachtet als ein und dasselbe erscheint, entpuppt sich bei näherem Hinsehen doch als etwas völlig Unterschiedliches. Die Unterschiede sollte man kennen, um zu wissen, ob und wann man sein wesentliches Recht - das Eigentum - erwirbt. Wie entscheidend es hierauf ankommt, wissen jene, die ihre Rechte gegenüber Gläubigern des Verkäufers des Wohnungseigentums zu behaupten hatten.

a) Eigentumsübertragung

Während man in Deutschland durch Auflassung und Eintragung in das Grundbuch Wohnungseigentümer wird, beruht der Eigentumserwerb nach spanischem Recht auf anderen Grundsätzen. Nach deutschem Recht wirkt die Grundbucheintragung rechtsbegründend. Dem Grundbucheintrag des Wohnungseigentümers nach spanischem Recht kommt hingegen nur deklaratorische Bedeutung zu, sieht man einmal von den Ausnahmen ab, die sich für Immobilien ergeben, die in den spanischen Gebieten liegen, die einer besonderen Militärgesetzgebung unterliegen.* Der Eigentumserwerb wird nicht erst mit der Eintragung in das Grundbuch vollendet, sondern bereits dann, wenn in Erfüllung des obligatorischen Vertrages eine Übergabe mit dem Ziel der Eigentumsübertragung erfolgt. Die Besitzverschaffung bewirkt die dingliche Rechtsänderung, und die Besitzverschaffung kann beruhen auf der Schlüsselübergabe beziehungsweise Verschaffung der Verfügungsmöglichkeit.

Das spanische Recht kennt grundsätzlich keine Unterscheidung zwischen dem Eigentumsübergang zwischen beweglichen und unbeweglichen Sachen. Der Erwerbsvorgang ist in beiden Fällen der gleiche. Bei der Beurteilung der Rechtssituation empfiehlt es sich, sich von deutschen Vorstellungen freizumachen. Die Trennung zwischen schuldrechtlichem Vertrag und dinglichem Vertrag (Auflassung) ist auf das spanische Recht nicht übertragbar. Im spanischen Recht gilt die Lehre vom „titulo" und „modo". Das bedeutet, daß die Begründung, Übertragung, Änderung oder Aufhebung dinglicher Rechte einmal abhängt vom Vorhandensein eines rechtswirksam schuldrechtlichen Vertrages, dem „titulo", und andererseits von der Übergabe der Sache, dem „modo". Das Kausalgeschäft, etwa der Grundstückskaufvertrag, bildet den Rechtstitel; in Erfüllung dieses Rechtstitels erwirbt der Erwerber das Eigentum durch Übergabe der Sache, etwa durch Aushändigung der Schlüssel oder durch faktische Einräumung der Verfügungsmacht („modo"). Demgemäß sagt auch Artikel 609 Abs. 2 des Código Civil, daß Eigentum als Folge bestimmter Verträge und mittels Übergabe erworben wird. Hieraus ist ersichtlich, daß bereits der schuldrechtliche Kaufvertrag im spanischen Recht dingliche Wirkungen enthält.

Hinsichtlich der Form gibt es keine der Bestimmung des § 313 BGB entsprechende Formvorschrift für Grundstückskaufverträge im spanischen Recht. Zwar müssen gemäß Artikel 1280 Ziffer 1 des Código Civil in öffentlicher Urkunde Verträge geschlossen werden, die zum Gegenstand die Übertragung von dinglichen Rechten an Grundstücken haben; die Nichtwahrung der Form des Artikel 1280 Ziffer 1 hat jedoch nicht zur Folge die Nichtigkeit des Geschäfts; vielmehr kann der aufgrund dieses Vertrages Berechtigte nach Artikel 1279 Código Civil von seinem Vertragspartner die Formerfüllung verlangen. Die Formvorschrift ist im spanischen Recht grundsätzlich kein Gültigkeitserfordernis, vielmehr nur eine Beweisvorschrift. Ein Grund-

* vgl. S. 12 ff.

stückskaufvertrag kann deshalb privatschriftlich oder mündlich zustandekommen. Maßgeblich ist die Willenseinigung für das Entstehen des Vertrages und die aufgrund der Willenseinigung erfolgende Übergabe.

Die zum Eigentumsübergang erforderliche Übergabe braucht nicht real (etwa durch Aushändigung der Schlüssel) zu erfolgen; der notarielle Kaufvertrag (Escritura Pública de Compraventa) kommt vielmehr der Übergabe des Kaufobjektes gleich, es sei denn, aus der Urkunde ergibt sich dies nicht, oder es läßt sich aus ihr eindeutig das Gegenteil ableiten.

Wenngleich bereits ein privatschriftlicher Vertrag oder gar ein mündlicher Vertrag nach spanischem Recht den Eigentumsübergang an einem Grundstück zur Folge haben kann, so bedarf es doch zur Eintragung dieses Eigentumsrechts einer notariellen Urkunde (Escritura Pública). Die Grundbucheintragung im spanischen Recht hat deshalb grundsätzlich keine rechtsbegründende Wirkung, sie bedeutet vielmehr nur, daß einer bereits eingetretenen Rechtsänderung Publizität verliehen wird. Die Rechtswirklichkeit ist aufgrund der nur deklaratorischen Wirkung der Eintragung im spanischen Grundbuch deshalb häufig eine andere, als aus ihr ersichtlich ist. Gleichwohl existiert eine Vermutung dahingehend, daß die eingetragene Person gemäß dem Inhalt der Eintragung berechtigt ist.

b) Privatschriftlicher Vertrag - contrato privado

Im spanischen Recht sind privatschriftliche Verträge über dingliche Rechte deshalb gebräuchlich und häufig, weil das spanische Recht eine Bestimmung wie § 313 BGB, wonach die notarielle Form Gültigkeitsvoraussetzung des Vertrages ist, nicht kennt. Lediglich zur Eintragung im Grundbuch bedarf der Vertrag der öffentlichen Beurkundung (Escritura pública).

c) Notarieller Vertrag - Escritura Pública

Voraussetzung der Eintragbarkeit eines dinglichen Rechts an einer spanischen Liegenschaft ist dessen Aufnahme in eine öffentliche Urkunde. Gemäß Artikel 1280 müssen in öffentlicher Urkunde solche Rechtshandlungen und Verträge enthalten sein, deren Gegenstand die Begründung, Übertragung,

Änderung oder Aufhebung von dinglichen Rechten an Grundstücken sind. Besteht lediglich eine privatschriftliche oder beweisbare mündliche Vereinbarung, so kann jede Vertragspartei von der anderen gemäß Artikel 1279 Código Civil die Erfüllung der Form und damit die notarielle Beurkundung des Vertrages verlangen. Weigert sich eine Vertragspartei, dieser Verpflichtung nachzukommen, so kann die notarielle Beurkundung durch ein Gerichtsurteil ersetzt werden.

d) Sondersituation hinsichtlich des Eigentumserwerbs auf den Inselgruppen der Balearen und Kanaren wie auch der Küstengebiete von Gibraltar und Galicien.

Aufgrund des Gesetzes vom 10. Februar 1978 sind alle Rechtshandlungen und Verträge in den oben näher bezeichneten Küstenzonen, soweit es sich um Verfügungen über dingliche Rechte an Liegenschaften zugunsten von Ausländern handelt, in das Grundbuch einzutragen. Das Fehlen der Eintragung führt zur Nichtigkeit des Geschäfts, heißt es in Artikel 1 Abs. 2 des Gesetzes.

Aufgrund dieser Bestimmung wird hinsichtlich der oben näher bezeichneten Gebiete eine Änderung des Erwerbssystems hinsichtlich dinglicher Rechte an Liegenschaften für Ausländer angenommen. Danach wirkt die Eintragung in das Grundbuch rechtsbegründend. Aus dem Gesetz Nr. 689/78 konnte gefolgert werden, daß Verträge über Grundeigentum zugunsten von Ausländern, die nicht im Grundbuch eingetragen sind, nichtig sind. Diese Folgerung ist indes unrichtig, weil stets zwischen notariellem Vertragsabschluß und Eintragung des Eigentumsrechts eine sogenannte juristische Sekunde verstreichen muß, da notarieller Vertragsabschluß und Eintragung des Eigentumsrechts im Grundbuch nicht aufgrund eines einzigen Aktes geschehen können. Grundbuchbeamte sind nämlich zur Beurkundung von Kaufverträgen nicht berechtigt. Das Gesetz Nr. 689/78 vom 10. Februar 1978 kann deshalb nicht in dem Sinne interpretiert werden, daß Grundstückskaufverträge, die nicht eingetragen sind, nichtig sind, sondern nur aufschiebend unwirksam sind. Die Richtigkeit dieser Überlegungen ergibt sich auch aus Artikel 18 Ziffer 2 des Dekrets über ausländische Investitionen in Spanien vom 31. Oktober 1974, in dem bestimmt wird, daß die Eintragung von dinglichen Rechten an spanischen Liegenschaften rechtsbegründende Wirkung hat.

e) Militärgenehmigung für Erwerb von Immobiliareigentum und anderen dinglichen Rechten wie auch für die Ausführung von Bauten in besonderen Zonen

Der spanische Gesetzgeber hat durch das Gesetz 8/75 vom 12. März 1975* und durch Königliches Dekret 689/78 vom 10. Februar 1978** frühere gesetzliche Regelungen über den Erwerb von Immobiliareigentum und anderen dinglichen Rechten ersetzt. Die neue gesetzliche Regelung befaßt sich gleichfalls auch mit der Ausführung von Bauten. Gebiete, in denen Ausländer Beschränkungen unterliegen, werden in folgende drei Zonen eingeteilt:

1. Gebiete von Interesse für die Landesverteidigung.
2. Sicherheitszonen von militärischem Interesse.
3. Gebiet mit beschränktem Zugang für Ausländer.

Ausländer unterliegen mit noch aufzuzählenden Ausnahmen in folgenden Gebieten militärischen Beschränkungen:
Inselgruppen der Balearen und der Kanaren. Hier darf das Eigentum in der Hand von Ausländern in bezug auf jede einzelne Insel 15 % nicht überschreiten. Ausländisches Eigentum auf Inseln, die kleiner als Formentera sind (82,8 qkm), wird für unzulässig erklärt.

Auf der spanischen Halbinsel gibt es folgende Beschränkungen:
Die Küstenregionen von Cartagena und Galizien wie auch die Grenzgebiete zu Portugal und Frankreich dürfen nur zu 15 % in der Hand von Ausländern sein. Der Prozentsatz von ausländischem Eigentum in der Region von Cádiz darf nur 10 % betragen. Um die Enklave Gibraltar herum ist künftiger ausländischer Erwerb nicht mehr zulässig.

Die einzelnen Gebiete sind folgende:

1. Gebiet von Cartagena. Es umfaßt die ganze Küste von Punta Negra bis Cabo Cervera. Die Ausdehnung wird beschränkt durch eine Linie folgender Orte:

* BOE 1975 Seite 5275ff. ** BOE 1978 Seite 8569ff.

Cabo cervera, San Miguel de Salinas, Montes de Alcor y de Columbares, Los Baños, Corvera, Los Arcos, Corverica, Fuente Alamo, Monte Algarrobo, Mazarrón, Punta Negra.

2. *Gebiet um die Meeresenge von Gibraltar. Sie umfaßt die begrenzte Zone über die Küste und Linie von Cabo de Cracia, El Almarchal (30 STF 4703), Straße von Facinas zum Stausee von Almodóvar und Kilometer 94 der Straße 440 (30 STF 7110), Anhöhe von Curtidora (30 STF 7615), Almoraima (30 STF 8117), Montenegral Alto (30 STF 8822), Fluß Guadiaro bis zur Mündung.*
3. *Zone der Bucht von Cádiz. Es geht von der Küste und der Linie Cabo de Gracia El Almarchal (30 STF 4703) über V. Cantabria (30 STF 3426), Cota 156 von Cerro Burcio (29 SQA 6546), Kreuzung der Landstraßen Jerez de la Frontera nach Puerto de Santa Maria und Jerez de la Frontera nach San lúcar de Barrameda, Cota 136(29 SQA 5269), La Algaida bis zum Rio Guadalquivir.*
4. *Grenzzone mit Portugal. Gebiete mit beschränktem Zugang für Ausländer und Galicien und der Linie, ausgehend von Ribadavia, über Orense, Puebla de Trives, Rio Jeres, Pico Maloro, Sierra del Eje, die die Sierra Cabrera teilt, bis zur Kreuzung mit dem Weg von Villaverde nach Catrogontrigo; folgend diesem Weg bis zum zuletzt genannten Punkt und dann dem Flußbett der Flüsse Eria und Orbigo bis Benavente; Eisenbahn Benavente, Zamora; Landstraße Ledesma; Sando; Aldehuela de la Bóveda; Landstraße hiervon ausgehend bis nach Fuente de San Esteban y Sequeros; Fluß Alagón bis Coria; Landstraße nach Garrovillas und von der Kreuzung dieser mit dem Tajo, fortführend über die Eisenbahnlinie Mérida, Zafra, Fregenal de la Sierra nach Huelva.*
5. *Gebiet von Galicien. Sämtliche Küstengebiete werden umfaßt bis zum Inneren innerhalb einer Linie, die ausgeht von dem Punkt, an dem der Rio Miño aufhört Grenze mit Portugal zu sein, sodann der Eisenbahnlinie von Vigo nach Orense folgend bis nach Ribadavia und von dort über die Landstraßen von Ribadavia nach Carballino, Carballino nach dem Weg über Forcarey, Weg von Santiago nach Compostela; Santiago de Compostela nach Lugo über Mellid, Lugo nach Fonsagrada und Fonsagrada nach Garganta bis zur Grenze mit der Provinz von Oviedo.*
6. *Grenzgebiet mit Frankreich. Es umfaßt die Grenze und die Linie die von Zumaya ausgeht, der Eisenbahnverbindung Zumárraga folgt über Alsasua, Pamplona, Sangüesa, Flußbett des Rio Alagón, bis nach Jaca; Eisenbahn von Sabiñánigo bis Puente Sabiñánigo; Rio Basa bis Espín, sodann der Weg von Herradura bis Fiscal, Landstraße Boltana, Ainsa, Banasteu, Arro, Flußbetten der Flüsse Natilia und de la Nata bis Foradada; Weg von Herradura nach Campo. Gleichfalls Estarún. La Murcía, Abella, Bonansa. Pont de Suer, Landstraße bis Senterada, Pobla de Segur, östliche Linie des Sumpfes von Tremp, Flußbett des Rio Carreu bis zur Ortschaft Carreu, Schlucht von Sallent, Landstraße Seo de Urgel bis Solsona, über Basella und hierüber und über de Berga nach Borredá; San Quirico, Manlleu und das Flußbett des Tel nach Gerona, weiter dem Flußlauf folgend bis zur Mündung. Dieser Zone wird die Enklave von Llivia eingeschlossen.*

Hinsichtlich der Urbanisationen, die „von nationalen touristischen Interesse" sind, gilt die militärische Genehmigung als von vornherein erteilt.

Das gleiche bezieht sich auf Grundeigentum in Gemeinden, sofern nachgewiesen werden kann, daß die Gebiete zur Gemeinde gehören. Dies ergibt sich in der Regel aus dem Bauordnungsplan (Plan Parcial). Wer aber sicher sein will, ob für den Erwerb des in Aussicht genommenen Grundstücks eine Militärgenehmigung notwendig ist, lasse sich beim zuständigen Bürgermeisteramt (Ayuntamiento) eine Bescheinigung ausstellen, aus der hervorgeht, ob sich das Grundstück innerhalb der Gemeindegrenzen befindet. Aufgrund der gesetzlichen Neuregelungen sind nicht mehr die Gemeindegrenzen des Jahres 1935 maßgeblich, sondern diejenigen, die sich aus dem jeweils gültigen Bebauungsplan ergeben.

Um Rechtsänderungen und Erwerbsmöglichkeiten von Ausländern außerhalb des Grundbuchs von vornherein auszuschließen, bestimmt das neue Dekret, daß von Ausländern erworbene dingliche Rechte obligatorisch im Grundbuch einzutragen sind. Geschieht dies nicht innerhalb eines Zeitraums von 18, in Ausnahmefällen von 24 Monaten, so bestimmt das Dekret die Nichtigkeit dieser Erwerbsgeschäfte. Die Zusammenarbeit zwischen Steuerbehörden und den Grundbuchämtern erfolgt dadurch, daß die Steuerbehörden den Grundbuchämtern Mitteilung der steuerpflichtigen Grundeigentümer machen.

Die Entscheidung über Erwerbsgenehmigung bis zu 2000 qm Grund und Boden fällen die örtlichen Capitanías Generales, die lokalen Militärbehörden. Was darüber hinausgeht, gehört zur Zuständigkeit des Heeresministeriums oder gar des spanischen Ministerrats.

Die spanischen Behörden verlangen, daß die folgende Reihenfolge eingehalten wird:

1. Militärgenehmigung
2. Notarieller Vertrag
3. Eintragung in das Grundbuch.

Die militärischen Sondergesetze bewirken, daß die Eintragung im Grundbuch konstitutive Bedeutung hat; das bedeutet, daß hier das übliche spanische Erwerbssystem durchbrochen wird.

Erlaubnispflichtig ist der Erwerb nicht nur für natürliche, sondern auch für juristische ausländische Personen, unabhängig davon, wo sich der jeweilige Sitz befindet. Darüberhinaus fallen auch spanische juristische Personen mit ausländischer Kapitalmehrheit unter die Militärgesetze. Selbst dann, wenn die ausländische Beteiligung an einer spanischen Gesellschaft zwischen 25 und 50 % beträgt, jedoch beispielsweise aufgrund der ausländischen Geschäftsführung ein herrschender ausländischer Einfluß unterstellt wird, bedürfen diese Gesellschaften der militärischen Erwerbsgenehmigung.

Folgende Unterlagen sind vorzulegen:

- Fotokopie des Reisepasses bzw. des Residentenausweises.
- Polizeiliches Führungszeugnis der Behörde des persönlichen Aufenthaltortes.
- Plan im Maßstab zwischen 1 : 5000 und 1 : 25000 und Plan des Grundstücks in einem Maßstab von mindestens 1 : 500.

Falls es sich um die Ausführung von Bauarbeiten handelt, so muß eine entsprechende genaue Skizze etc. beigefügt werden.

Die Unterlagen sind über die örtliche Capitanías Generales einzureichen.

Abschließend darf noch erwähnt werden, daß auch der Erwerb von Immobilien und dinglichen Rechten hieran in den genannten militärischen geschützten Gebieten der militärischen Erwerbsgenehmigung unterliegt, wenn dieser im Erbwege erfolgt.

f) Ratenzahlungskauf

Bauträgerfirmen, die geplante oder im Bau befindliche Wohnungen oder Einzelhäuser verkaufen, müssen aufgrund des Gesetzes Nr. 57/68 vom 27. Juli 1968 hinsichtlich der angezahlten Beträge Versicherungen eingehen oder Bankbürgschaften leisten, um im Falle nichterfolgter Fertigstellung den eingezahlten Betrag zuzüglich einer 6 %igen Verzinsung zurückzahlen zu können. Es empfiehlt sich, in Kaufverträge eine entsprechende Klausel ausdrücklich aufzunehmen. Der Käufer sollte sich auch vergewissern, daß tatsächlich die vorhergesehenen Garantien seitens der Bauträgergesellschaft eingehalten werden.

Die Nichterfüllung dieser Verpflichtung durch den Bauträger macht den entsprechenden Kaufvertrag noch nicht nichtig, wenngleich nach Artikel 7 des Gesetzes die Käuferrechte aus dem Gesetz nicht abbedungen werden dürfen. Hieraus ergibt sich, daß seitens des Käufers solange ein Leistungsverweigerungsrecht besteht, bis der Verkäufer den ihm obliegenden Pflichten auf Garantieleistung nachgekommen ist.

Die Vorauszahlungen müssen auf ein Sonderkonto eingezahlt werden, über das nur zur Erfüllung von Verträgen, die mit dem Wohnungsbau im Zusammenhang stehen, verfügt werden kann.

Wird die Wohnung oder das Einzelhaus nicht fertiggestellt, oder verweigert die zuständige Behörde die Erteilung der Wohnbarkeitsbescheinigung (Cédula de Habitabilidad), oder wird verspätet mit dem Bau begonnen, so kann aufgrund des Bankavals oder des Versicherungsvertrages die Rückzahlung der Ratenzahlungen zuzüglich einer 6 %igen Verzinsung verlangt werden. In gleicher Weise kommen strafrechtliche Maßnahmen gegen den oder die Verantwortlichen gem. Artikel 587 Ziffer 3 und 538 des spanischen Código Penal in Betracht.

Aufgrund einer Entschließung der Generaldirektion für ausländische Transaktionen vom 30.07.1975 dürfen Ausländer genehmigungsfrei spanische Immobilien mittels Ratenzahlungen erwerben, sofern die Ratenzahlungen in Devisen erfolgen. Werden Wechsel hingegeben, so muß eine spanische Bank die Domizilsbank sein.

Wird in einem privatschriftlichen Kaufvertrag Ratenzahlung vereinbart, so empfiehlt es sich, die Zahlungsweise so zu gestalten, daß die letzte, größere Rate erst dann fällig ist, wenn auch tatsächlich der notarielle Kaufvertrag abgeschlossen wird. Die Erfahrung hat gezeigt, daß es zweckmäßiger ist, noch etwas in den Händen zu halten, um vom Verkäufer mit mehr Nachdruck die Bewilligung der Escritura pública zu erlangen. Wer sich durch Zahlung des gesamten Kaufpreises sämtlicher Druckmittel gegenüber dem Verkäufer begeben hat, muß oft in langwierigen gerichtlichen Auseinandersetzungen in Spanien seine Escritura und damit die Grundlage der Eintragung seines Eigentumsrechts im Grundbuch erkämpfen, obwohl sich die Verpflichtung des Verkäufers klar aus Artikel 1279 des Código Civil ergibt.

Auch aus einem anderen Grunde sollte man auf den baldigen Abschluß eines notariellen Vertrages und auf der Grundbucheintragung bestehen. Nach Artikel 1227 f. des Código Civil entfalten privatschriftliche Vereinbarungen grundsätzlich keine Rechtswirkung gegenüber Dritten. Wenn also der Gläubiger des Verkäufers das noch auf seinen Namen eingetragene Wohnungseigentum pfändet, so hat der aufgrund eines privatschriftlichen Vertrages und Übergabe Eigentümer gewordene Käufer kein wirksames Widerspruchsrecht. Nur dann, wenn er beweisen kann, daß der Gläubiger Kenntnis von der wahren Eigentumslage hatte, der Gläubiger mithin bösgläubig ein Recht eines Dritten pfändete, steht dem Käufer ein Widerspruchsrecht zu.

Wohnungseigentum in Spanien wird vielfach unter Vereinbarung einer Vertragsauflösungsklausel (clausula resolutoria) verkauft. Der Verkäufer ist berechtigt, gemäß Artikel 1504 in Verbindung mit Artikel 1124 des Código Civil die Vertragsauflösung durch gerichtliche oder notarielle Aufforderung (requerimiento judicial o notarial) zu verlangen, wenn der Käufer seinen Zahlungsverpflichtungen nicht nachkommt. In Fällen dieser Art kann das Eigentum auflösend bedingt übergehen. Tritt die Bedingung ein, nämlich Zahlungsverzug oder Nichtzahlung, so geht das schon auf den Erwerber übergegangene Eigentum wieder auf den Veräußerer zurück, sofern die weiteren Voraussetzungen der Artikel 1504 und 1124 gegeben sind.

Häufig werden Kaufverträge über Eigentumswohnungen geschlossen, die noch nicht fertiggestellt sind, ja sich teilweise erst im Endstadium der Planung befinden. Nach Artikel 8 Ziffer 4 des Hypothekengesetzes ist Voraussetzung für die Eintragbarkeit des Wohnungs- und Geschäftsraumeigentums, daß zumindest mit dem Bau begonnen wurde. Der einzelne Wohnungs- und Geschäftsraumeigentümer kann jedoch erst dann als Eigentümer in das Grundbuch eingetragen werden, wenn der Bau fertiggestellt ist und hierüber eine öffentliche Urkunde dem Grundbuchamt vorliegt, die „Declaración de Obra Nueva". Als Erwerber sollte man in diesen Fällen sehen, sich zwischenzeitlich zu sichern, indem vom Verkäufer eine Bankbürgschaft o. ä. verlangt wird.

g) Bankbescheinigung

Kaufverträge über spanische Immobilien bedürfen dann des Nachweises der legalen Deviseneinfuhr, wenn der Verkäufer - aus spanischer Sicht - Deviseninländer, der Käufer hingegen Devisenausländer ist. Es genügt nicht die Vorlage des Überweisungsbelegs der ausländischen Bank; notwendig ist vielmehr die Bescheinigung des „delegierten" spanischen Bankinstituts, aus der Datum, Höhe, Zweck und Empfänger der ausländischen Geldzahlung hervorgehen müssen. Ohne diese Bankbescheinigung darf der Notar nicht protokollieren und der Grundbuchbeamte das Eigentumsrecht im Grundbuch nicht eintragen. Aufgrund des Beschlusses der Generaldirektion für ausländische Transaktionen vom 30. Juli 1975 sind jedoch dann Ausnahmen zulässig, wenn der Verkäufer oder einer seiner Rechtsvorgänger die spanische Liegenschaft mit Devisen erworben hat. In diesen Fällen wird keine Bankbescheinigung verlangt.

Die Generaldirektion für ausländische Transaktionen hat in einigen begründeten Ausnahmefällen von der Notwendigkeit der Beibringung einer Bankbescheinigung über eingeführte Devisen abgesehen. Es handelte sich um Fälle, in denen spanische Unternehmen in ihren Normkaufverträgen die Zahlung des Kaufpreises im Ausland vorgesehen hatten und diesen später nicht nach Spanien transferierten. Der bekannteste Fall dieser Art dürfte der Ferienhauskonzern SOFICO sein. In diesen Fällen ist der ausländische Erwerber trotz Nichtvorliegens der Bankbescheinigung aufgrund einer ausdrücklichen Bescheinigung der Generaldirektion für ausländische Transaktionen zwar im Grundbuch eingetragen worden; er hat indes im Falle des Verkaufs der Liegenschaft an einen Deviseninländer nicht das Recht, den Verkaufserlös ins Ausland zu transferieren, weil seinerzeit auch keine Devisen nach Spanien gelangt sind.

h) Ausländische Währung

Die spanische Devisengesetzgebung läßt es zu, daß nichtresidente Ausländer Kaufverträge über spanische Liegenschaften abschließen und die Kaufpreiszahlung in Devisen vereinbaren (vgl. Beschluß der Generaldirektion für ausländische Transaktionen vom 30. Juli 1975). Voraussetzung ist jedoch, daß der ausländische Veräußerer oder einer seiner Rechtsvorgänger seinerzeit den Kaufpreis in Spanien durch Einbringung von Devisen bewirkt hat. In Fällen dieser Art wird der Kaufpreis im notariellen Kaufvertrag (Escritura Publica de Compraventa) in Devisen ausgedrückt, wobei jedoch der Gegenwert in Peseten am Tage der Protokollierung anzugeben ist.

Ein Kaufvertrag zwischen Gebietsansässigen der Bundesrepublik Deutschland, also zwischen solchen Personen, die ihren Wohnsitz oder gewöhnlichen Aufenthalt in der Bundesrepublik Deutschland haben, sollte nur dann in spanischen Pesetas vereinbart werden, wenn die Genehmigung der zuständigen Landeszentralbank vorliegt. Gemäß § 3 Satz 1 des Währungsgesetzes vom 20. Juni 1948 dürfen Geldschulden „nur mit Genehmigung der für die Erteilung von Devisengenehmigungen zuständigen Stelle in einer anderen Währung als in Deutscher Mark eingegangen werden“. In aller Regel wird jedoch die Genehmigung der Landeszentralbank für derartige vertragliche Vereinbarungen in einer anderen als in der deutschen Währung erteilt. Dies bezieht sich auch auf bereits abgeschlossene Verträge, die Zahlung in einer anderen als der deutschen Währung vorsehen; die Genehmigungspraxis der Landeszentralbanken ist sehr großzügig.

i) Anwendbares Recht

Verträge über Rechte an spanischen Grundstücken müssen nicht notwendigerweise spanischem Recht unterliegen. Das internationale Schuldrecht wird vom Prinzip der Privatautonomie beherrscht. Ein Vertrag über spanisches Grundeigentum kann deshalb - was die schuldrechtlichen Wirkungen anbetrifft - durchaus etwa deutschem Recht unterliegen, wobei jedoch die sachenrechtlichen Merkmale sich stets nach dem Recht der Belegenheit (lex rei sitae) bestimmen.

Wegen der Bestimmung des § 313 des deutschen BGB, wonach Gültigkeitsvoraussetzung eines Grundstückskaufvertrages die notarielle Beurkundung ist, entscheidet häufig die Frage, welches Recht im konkreten Fall anwendbar ist, darüber, ob ein privatschriftlicher Kaufvertrag über spanisches Grundeigentum gültig ist oder nicht.

Es empfiehlt sich immer, eine vertragliche Vereinbarung ausdrücklich einem bestimmten Recht zu unterwerfen. Da beispielsweise das spanische IPR keinen stillschweigenden Parteiwillen kennt, kann es von entscheidender Bedeutung sein, wo ein Rechtsstreit geführt wird. Denn spanische Gerichte wenden ihr internationales Privatrecht, deutsche Gerichte aber das ihre an.

k) Erwerbsgenehmigung der Generaldirektion für ausländische Transaktionen

Immobilienbesitz in Spanien kann von ausländischen natürlichen Personen durch Zuführung von Auslandsgeld (Devisen) *ohne Genehmigung* der Generaldirektion für ausländische Transaktionen in folgenden Fällen erworben werden:

1. Städtisches Baugelände bis zu 5.000 qm, sofern dieses bestimmt ist zum Bau eines Einfamilienhauses, einer Villa oder eines Chalets zum eigenen Gebrauch des Erwerbers.
   Wenngleich dies in Beschlüssen nicht gesondert geregelt ist, dürfte auch der Erwerb eines Einfamilienhauses genehmigungsfrei sein.
2. Erwerb von bis zu 3 Wohnungen im selben Gebäude.
3. Erwerb von bis zu 3 Geschäftslokalen, sofern die Gesamtflächen insgesamt nicht mehr als 200 qm betragen und der Erwerber diese nicht für eine eigene unternehmerische Tätigkeit benutzt.
4. Erwerb von Grund und Boden im Hinblick auf die Gründung einer Eigentümergemeinschaft zwecks Errichtung von Wohngebäuden, sofern der ausländische Beteiligungsanteil an Grund und Boden oder am Gebäude 50 % nicht übersteigt.
5. Erwerb eines bewässerten land- oder forstwirtschaftlichen Grundstücks mit einer Gesamtfläche von 4 ha durch nicht in Spanien ansässige Ausländer.
6. Erwerb eines unbewässerten land- oder forstwirtschaftlichen Grundstücks bis zu 20 ha durch in Spanien ansässige Ausländer. Besteht das land- oder forstwirtschaftliche Gelände teilweise aus bewässertem, teilweise aus unbewässertem Land, so bestimmt sich für die Frage der Erforderlichkeit einer Verwaltungsgenehmigung das Verhältnis von unbewässertem zu bewässertem Land 1 zu 5.
7. Die Genehmigung zum Erwerb land- oder forstwirtschaftlicher Grundstücke von mehr als 4 ha Größe bei bewässertem bzw. 20 ha bei unbewässertem Boden gilt als erteilt, wenn die Feststellung „nationalen touristischen Interesses“ gemäß Gesetz 197/163 vorliegt.
8. Immobilienerwerb in Spanien aufgrund gesetzlicher oder testamentarischer Erfolge, Schenkung von Todes wegen oder aufgrund ähnlicher Rechtsgeschäfte bedarf dann nicht der Genehmigung der Generaldirektion für ausländische Transaktionen, wenn der Erblasser oder Verfügende von Todes wegen bereits in seiner Person die Voraussetzungen erfüllt hat, die ihn beispielsweise zum Transfer des Kapitals, der Gewinne und des Veräußerungserlöses berechtigt hätten. In der Regel liegt dies vor, wenn

der Erblasser oder der Verfügende von Todes wegen ein ausländischer Staatsangehöriger ist und der Immobilienerwerb durch ihn seinerzeit mittels Zuführung von Auslandsgeld (Devisen) erfolgte.

9. Ausländische natürliche Personen mit Wohnsitz in Spanien können mit gewöhnlichen Peseten in Spanien belegene Liegenschaften unter den gleichen Bedingungen erwerben wie ansässige spanische Staatsangehörige. Die militärischen Erwerbsbeschränkungen sind jedoch auch für in Spanien ansässige Ausländer ebenso zu beachten wie die Beschränkungen hinsichtlich land- und forstwirtschaftlicher Grundstücke gemäß Ziffer 5 und 6 dieser Aufzählung.

In allen anderen Fällen ist vor Abschluß des notariellen Kaufvertrages eine Erwerbsgenehmigung der Generaldirektion für ausländische Transaktionen einzuholen. Es handelt sich hierbei insbesondere um folgende Fälle:

1. Erwerb von städtischen und landwirtschaftlichen Liegenschaften durch ausländische juristische Personen.
2. Erwerb von land- oder forstwirtschaftlichem Gelände durch ausländische natürliche, nicht residente Personen.
3. Erwerb von Baugelände, das nicht zum Zwecke der Errichtung eines Einfamilienhauses etc. bestimmt ist.
4. Erwerb von Grund und Boden zum Zwecke der Errichtung eines Einfamilienhauses etc., jedoch mit einer Fläche von mehr als 5.000 qm.
5. Erwerb von mehr als 3 Wohnungen in einem Gebäude.
6. Erwerb von Geschäftslokalen, sofern diese von dem Erwerber selbst betrieben werden und er selbst keine entsprechende Arbeitserlaubnis besitzt.
7. Erwerb von Geschäftslokalen mit einer Gesamtfläche von mehr als 200 qm.
8. Erwerb von mehr als 3 Geschäftslokalen.
9. Erwerb bewässerten land- oder forstwirtschaftlichen Geländes von mehr als 4 ha, sofern der Erwerber ein in Spanien residenter Ausländer ist.
10. Erwerb unbewässerten land- oder forstwirtschaftlichen Geländes von mehr als 20 ha, sofern der Erwerber ein in Spanien ansässiger Ausländer ist.
11. Erwerb aufgrund gesetzlicher oder testamentarischer Erbfolge, Schenkung von Todes wegen oder aufgrund ähnlicher Rechtsgeschäfte, sofern

der Erblasser oder der von Todes wegen Verfügende in seiner Person selbst kein entsprechendes Transferrecht ins Ausland besitzt.

Anträge für die Genehmigung des Erwerbs land- oder forstwirtschaftlichen Geländes sind bei der Generaldirektion für ausländische Transaktionen, Spanisches Handelsministerium, aufgrund eines Vordrucks zu beantragen, den der Beschluß der Generaldirektion vom 25.01.1975, abgedruckt im BOE vom 31.01.1975, enthält. Unabhängig von der Genehmigung durch die Generaldirektion für ausländische Transaktionen ist die militärische Erwerbsgenehmigung, die bei Vorliegen bestimmter Voraussetzungen erforderlich ist, für die Gebiete der Balearen, Kanaren und die Küstenzonen von Gibraltar und Galicien zu beantragen. Es kann deshalb im Einzelfall durchaus notwendig sein, daß sowohl eine Erwerbsgenehmigung der Generaldirektion für ausländische Transaktionen als auch eine solche des spanischen Heeresministeriums erforderlich ist.

l) Investitionsregister

Ausländische Investitionen in Spanien, auch wenn sie nur in Gestalt des Erwerbs eines Appartements erfolgen, bedürfen der Eintragung in das im Jahr 1975 geschaffene Investitionsregister, das von der Generaldirektion für ausländische Transaktionen im spanischen Handelsministerium geführt wird. Beim Erwerb einer spanischen Liegenschaft aufgrund eines notariellen Vertrages (Escritura pública) von einem Deviseninländer - aus spanischer Sicht - wird das Formular T.E. 7 ausgefüllt und mit einem Vermerk des Notars versehen. Der mit den entsprechenden Daten versehene Vordruck wird vom Notar an die Generaldirektion für ausländische Transaktionen versandt, die den ausländischen Erwerber in das Investitionsregister einträgt. Der Erwerber erhält zum Beweis der Eintragung eine vom Investitionsregister abgestempelte weitere Ausfertigung der Anmeldung zurück. Beabsichtigt der Bewerber den Verkauf der Liegenschaft an einen Deviseninländer, so kann er aufgrund der eingetragenen und angemeldeten Investition den Transfer des Verkaufserlöses aus Spanien beanspruchen.

Bei einem Weiterverkauf einer von einem Ausländer mit Devisen erworbenen spanischen Liegenschaft an einen anderen Ausländer und Erhalt des Verkaufserlöses im Ausland in Devisen, erfolgt keine Eintragung des ausländischen Neuerwerbers im Investitionsregister, weil dieser selbst keine Devisen nach Spanien eingeführt hat. Er kann jedoch im Falle eines späteren Weiterverkaufs das Transferrecht seines Vorgängers geltend machen, muß dieses jedoch nachweisen. Der Nachweis erfolgt zweckmäßigerweise durch Vorlage der Investitionsanmeldung gem. Vordruck T.E. 7 oder, sofern diese nicht vorliegt, durch Vorlage der notariellen Kaufurkunde seines Vorgängers, aus der sich der Erwerb der Liegenschaft mittels Devisen ergibt.

4. Belastung und Veräußerung von Wohnungseigentum

Gemäß Artikel 1 kann Wohnungseigentum belastet und veräußert werden wie jedwede andere Liegenschaft. Voraussetzung einer Belastung ist jedoch die vorherige Eintragung des Eigentümers in das Grundbuch. Hauptfall einer Belastung ist die Hypothek. Eine Grundschuld kennt das spanische Recht nicht. Die Hypothek entsteht gemäß Artikel 1875 Código Civil nicht schon mit ihrer Bewilligung durch den Wohnungseigentümer, sondern erst mit ihrer Eintragung im Grundbuch. Es handelt sich hierbei um eine Durchbrechung des üblichen dinglichen Erwerbssystems nach spanischem Recht, in dem ja die Grundbucheintragung grundsätzlich keinen rechtsbegründenden Charakter hat.

a) Hypothek – Hipoteca

Die Immobiliar-Hypothek spanischen Rechts ist ein dingliches Verwertungsrecht an unbeweglichen Sachen mit dem Zweck der Sicherung einer Forderung. Die Hypothek spanischen Rechts ist von der Forderung abhängig (Akzessorietätsprinzip). Die Hypothek entsteht in Durchbrechung des üblichen dinglichen Erwerbssystems erst mit ihrer Eintragung im Grundbuch, wobei Voraussetzung ein notarieller Hypothekenbewilligungsvertrag ist. Ein von der Forderung unabhängiges dingliches Sicherungsrecht an Grundstücken, wie etwa die Grundschuld deutschen Rechts, besteht im spanischen Recht nicht.

Das Hypothekengesetz ist im einzelnen niedergelegt in den Artikeln 1857–1862 des Código Civil und den Artikeln 104–197 des Hypothekengesetzes. Ausführungsbestimmungen befinden sich in der Hypothekenordnung.

Es wird unterschieden zwischen rechtsgeschäftlichen und gesetzlichen Hypotheken. Rechtsgeschäftliche Hypotheken sind solche, die zweiseitig oder durch einseitige Verfügung des Eigentümers begründet werden (Artikel 138, 141, 237 Hypothekengesetz).

Im Gegensatz zu den rechtsgeschäftlichen Hypotheken bedürfen die gesetzlichen Hypotheken zu ihrer Rechtsbegründung nicht der Eintragung im Grundbuch. Gesetzliche Hypotheken sind zulässig zugunsten des Staates, der Provinzen oder Gemeinden für Steuerschulden der letzten 2 Jahre. Gesetzliche Hypotheken sind auch zulässig zugunsten bestimmter Versicherer. Wichtig ist, daß die gesetzlichen Hypotheken gegenüber den rechtsgeschäftlichen vorrangig sind.

Die normale rechtsgeschäftliche Hypothek ist eine Buchhypothek, hingegen keine Briefhypothek. Die Forderung gemäß Artikel 140 Abs. 1 Hypothekengesetz kann nur geltend gemacht werden gegen die mit der Hypothek belasteten Gegenstände. Hypothekenforderungen können abgetreten werden. Die Abtretung ist in einer öffentlichen Urkunde vorzunehmen (Escritura pública). Der Schuldner muß hiervon in Kenntnis gesetzt werden. Die Eintragung der Abtretung der Hypothekenforderung im Grundbuch hat indes nur deklaratorische Bedeutung. Aufgrund der Hypothekeneintragung kann die Zwangsversteigerung betrieben werden. Es ist das summarische Zwangsversteigerungsverfahren der Artikel 129–135 Hypothekengesetz zu unterscheiden von dem ordentlichen Erkenntnisverfahren (Artikel 481 ff. der spanischen Zivilprozeßordnung) und anderen, noch möglichen Verfahren. In der Praxis hat sich das summarische Zwangsversteigerungsverfahren bewährt, weil die hypothekenrechtlichen Ansprüche am ehesten durchgesetzt werden können. Es bedarf hinsichtlich dieses Verfahrens einer besonderen Vereinbarung in der Hypothekenbestellungsurkunde.

b) Weiterverkauf von Spanienimmobilien

Bei einem Weiterverkauf seinerzeit mittels Devisen erworbener Spanienimmobilien an spanische Deviseninländer kann grundsätzlich der gesamte Verkaufserlös ins Ausland transferiert werden, es sei denn, der Mehrerlös ist so erheblich, daß sich der Verkauf als „spekulative Tätigkeit" für die spanischen Devisenbehörden darstellt, vgl. Artikel 26 Ziffer 1 der Verordnung über ausländische Investitionen in Spanien vom 31.10.1974.

Aus einem Schreiben der Generaldirektion für ausländische Transaktionen geht hervor, daß sich das Transferrecht hinsichtlich der genannten Mehrerlöse nur bezieht auf solche Immobilieninvestitionen, die nach Erlaß der neuen Gesetzgebung über ausländische Investitionen in Spanien vom 30.11.1974 stattgefunden haben. Der nicht ins Ausland transferierbare Mehrerlös kann nicht auf sogenannte konvertible Pesetenkonten eingezahlt werden; spanische Banken dürfen diese Beträge lediglich auf Inlandspesetenkonten von Ausländern (Pesetas Interiores) verbuchen.

Aufgrund des Beschlusses der DGTE vom 30. Juli 1975 kann die Abwicklung von Grundstückskaufverträgen zwischen nichtresidenten Ausländern im Ausland und auf Devisenbasis erfolgen. Der Erwerber hat jedoch in diesen Fällen nur das Transferrecht in dem Umfange, in dem es dem seinerzeitigen Erwerber zustand.

c) Devisen-Retransfer

Immobilienobjekte, die Ausländer oder ihre Rechtsvorgänger seinerzeit beim Erwerb mittels Devisen erworben haben, was aus einer Bankbescheinigung (Certificado Bancario) hervorgehen muß, haben beim Verkauf an Gebietsansässige (Deviseninländer aus spanischer Sicht) einen Anspruch auf Transfer zumindest des seinerzeit im notariellen Kaufvertrag deklarierten Kaufpreises. Entsprechende Anträge sind bei der Generaldirektion für ausländische Transaktionen im spanischen Handelsministerium zu stellen. Der Erwerber oder sein Rechtsvorgänger sollte nach Möglichkeit hinsichtlich dieser Investition im ausländischen Investitionsregister eingetragen sein. Wird eine Spekulation von der spanischen Generaldirektion für ausländische Transaktionen angenommen, so wird die Transfergenehmigung verweigert.

Bei einer Veräußerung ist zu beachten, daß Vorkaufs- oder Rückkaufsrechte Dritter bestehen können. Zwar ist nach Art. 1 ein sich aus der Eigentümergemeinschaft ergebendes Vorkaufs- oder Rückkaufsrecht ausgeschlossen. Wenn es sich jedoch um Wohnungseigentum handelt, das vor Erlaß des spanischen Wohnungseigentumsgesetzes im Jahre 1960 begründet wurde, kann den übrigen Eigentümern ein entsprechendes Recht zustehen, sofern es in der Satzung ausdrücklich aufgeführt ist. Wichtiger ist jedoch das Vorkaufsrecht des Mieters einer Eigentumswohnung. Dieses besondere Vorkaufsrecht ergibt sich aus dem Gesetz über städtische Mietverträge (Ley de Arrendamientos Urbanos).

5. Die Eigentümerstatuten

Die „estatutos", auf deutsch die Statuten oder die Satzung einer Wohnungseigentümergemeinschaft, sind eine Feinabstimmung des Wohnungseigentumsgesetzes und zugeschnitten auf die besonderen örtlichen Gegebenheiten und die individuellen Bedürfnisse der jeweiligen Gemeinschaft. Sie enthalten häufig wichtige Regelungen über den Gebrauch, die Nutzung und den Inhalt des Wohnungseigentums, insbesondere aber auch über die gemeinschaftlichen Elemente.

Der Satzung kommt neben dem Errichtungstitel deshalb besondere Bedeutung zu, weil sie wie dieser nur durch einstimmigen Beschluß der Wohnungseigentümer abgeändert werden kann. Wegen oft gegensätzlicher Interessenlagen der einzelnen Wohnungseigentümer lassen sich Satzungsbestimmungen, die viele belasten und nur einzelne begünstigen, nur schwer oder gar nicht abändern oder aufheben. Der Satzung sollte deshalb von vornherein ein besonderes Augenmerk geschenkt werden. Was die Satzung unter anderem regeln kann, zeigt folgende Aufstellung:

Tierhaltung,
Versicherungen,
Erweiterung oder Beschränkung der Befugnisse des Präsidenten, des Verwalters, des Sekretärs oder des Pförtners,
Änderung der Kompetenzen der Eigentümerversammlung,
Zahlung der Umlagen,
Kostentragung bei Zahlungsverzug,
Umfang der Änderungen von Appartements und Grenzen,
Haushaltsmaschinen,
Reparaturen im Appartement oder an der Außenanlage,
Vorkaufs- und Rückkaufsrechte,
Beteiligungsquoten,
Grenzen der Nutzung des Appartements oder Geschäftslokals.

Die häufigste Beschränkung in der Praxis ist das Verbot, Wohnungen in Geschäftsräume umzuwandeln.

Bestimmungen, die gegen gesetzliche Grundprinzipien verstoßen, sind unwirksam. Abweichende Regelungen müssen mit Sinn und Zweck des Gesetzes noch vereinbar sein.

Die Satzungsbestimmungen dürfen zu keiner Aushöhlung des Wohnungs- und Geschäftsraumeigentums führen; sie müssen sich im Rahmen der Gesetze, insbesondere des Wohnungseigentumsgesetzes, halten. Bestimmungen, die hiergegen verstoßen, sind unwirksam.

Eine Satzungsbestimmung, wonach nur die Wohnungseigentümer, nicht hingegen die Eigentümer von Geschäftsräumen, anteilig für die Kosten des Hausmeisters aufzukommen haben, wurde vom Tribunal Supremo* für nichtig erklärt. Eine andere Gerichtsentscheidung mußte sich mit der Frage beschäftigen, ob eine Satzungsbestimmung im Einklang mit der Rechtsordnung, insbesondere mit den Bestimmungen des Wohnungseigentumsgesetzes, steht, durch die ein bestimmtes Stockwerk einer Gemeinschaftsanlage von den Allgemeinkosten ausgeschlossen wurde. Das Tribunal Supremo erklärte auch diese Bestimmung für nichtig.**

Welche Rechtswege offenstehen, wenn Zweifel an der Gültigkeit von Satzungsbestimmungen bestehen, wird im einzelnen unter Ziffer 15 abgehandelt.

In den meisten Fällen wird die Satzung zugleich mit dem Errichtungstitel geschaffen. Die Satzung kann jedoch auch erst von der Eigentümerversammlung beschlossen werden. Ein derartiger Beschluß muß aber einstimmig gefaßt werden. Selbst wenn nur einzelne Satzungsbestimmungen angeändert werden, wie sich aus Artikel 5 II ergibt. Eine Verpflichtung einer Eigentümergemeinschaft, eine Satzung auch tatsächlich zu haben, besteht nicht. Es hat sich nur als zweckmäßig erwiesen, Dinge allgemeinen Interesses einer Regelung in Form einer Satzung zu unterwerfen, die für alle gilt.

Auch wenn sämtliche Wohnungseigentümer Ausländer sind, empfiehlt sich eine Satzung in spanischer Sprache. Um Dritten gegenüber Rechtswirkungen entfalten zu können, muß die Satzung im Grundbuch eingetragen sein. Eintragungsvoraussetzung ist übrigens, daß die Satzung dem Grundbuchamt in öffentlicher Form überreicht wird.

Da Spanisch Amtssprache ist, sollte die Satzung auch im zuvor geschilderten Fall in spanischer Sprache verfaßt werden.

* abgedruckt in Revista de derecho privado 69, S. 277

** Revista de derecho privado 1970, Seite 1058

Nicht zu verwechseln mit der Satzung sind die Regeln der inneren Ordnung oder der Hausordnung, die jedoch inhaltlich weniger schwerwiegende Dinge regeln wie die Satzung.

6. Ein notwendiges Übel: Die Hausordnung

In einer „inneren Ordnung", von der Artikel 6 spricht, oder „Hausordnung" können sich Regelungen befinden über

- den Gebrauch der Gemeinschaftsgaragen,
- die Anbringung von Radio- und Fernsehantennen,
- die Dauer der Heizperiode,
- Benutzung und Heizung des Schwimmbades,
- den Gebrauch von Fahrstühlen,
- Treppenreinigung,
- Müllbeseitigung,
- Unterstellung von Fahrrädern, Kinderwagen, Motorrädern,
- Verschließen des Treppenhauses,
- Zeiten und Lautstärke von Radios, Fernsehern etc.,
- Benutzung der gemeinschaftlichen Waschanlage,
- Aufhängen von Wäsche,
- Pflege der Grünanlagen.

Im einzelnen kann es zu Überschneidungen mit Bestimmungen der Satzung kommen. Dinge, die den Inhalt des Eigentums ausmachen, gehören in die Satzung: Regeln, die den alltäglichen Gebrauch, insbesondere der Gemeinschaftseinrichtungen, betreffen, gehören in die Hausordnung; in gleicher Weise solche, die die Einzelheiten des Zusammenlebens regeln.

Hausordnungen können mit einfacher Mehrheit beschlossen und mit gleicher Mehrheit auch wieder abgeändert werden. Das unterscheidet sie von der Satzung, die einen einstimmigen Beschluß voraussetzt. Anders als die Satzung ist die Hausordnung nicht im Grundbuch eintragbar. Gleichwohl kann bei Unstimmigkeiten der zuständige Richter angerufen werden. Über das Verfahren in diesen Fällen wird weiter unten gesprochen werden.

7. Was heißt Gemeinschaftseigentum?

Wohnungseigentum als Sonderrecht der einzelnen Wohnungseigentümer ist ohne Gemeinschaftseigentum undenkbar. Gemeinschaftseigentum besteht, wie es Artikel 3 b ausdrückt, aus den Gemeinschaftsanteilen, dem gemeinschaftlichen Zubehör und den Gemeinschaftseinrichtungen. Was im einzelnen hierunter fällt, ergibt sich aus dem Gesetz und dem Errichtungstitel. Auch die Satzung kann hierüber Regelungen enthalten.

Im Einzelfall kann es durchaus streitig sein, ob es sich um das Sondereigentum eines Appartementbesitzers oder um ein gemeinschaftliches Element handelt. So kann z. B. die Dachterrasse* dem Eigentümer des obersten Stockwerks gehören, obwohl Artikel 1 in seiner beispielhaften Aufzählung von typischen gemeinschaftlichen Elementen das Dach erwähnt. Eigentümer eines Innenhofs oder eines Vorgartens muß nicht die Gemeinschaft sein. Dieses Recht kann vielmehr einem einzelnen Wohnungseigentümer vorbehalten sein. Das latente Spannungsverhältnis zwischen Sonder- und Gemeinschaftseigentum kann zum offenen Konfliktsfall werden, wenn es um die Ausübung oder Nutzung des Rechts oder um die Reparaturkosten einer gemeinschaftlichen Sache geht.

Artikel 1 zählt beispielhaft als Gemeinschaftseigentum auf: Grund und Boden, Aufbauten, Fundamente, Gänge, Mauern, Gräben, Schächte, Höfe, Brunnen, Treppen, die Pförtnerloge, Fahrstühle, Flure, Dächer, Kanalisation und Dienstbarkeiten. Die spanische Lehre und Rechtsprechung sind sich darin einig, daß diese Aufzählung weder vollständig ist noch die in der Aufzählung enthaltenen Gegenstände notwendigerweise Gemeinschaftseigentum sein müssen. Wie bereits dargestellt, kann die Dachterrasse durchaus einem einzelnen Wohnungseigentümer allein gehören. Grund und Boden, in obiger Aufzählung als typisches Miteigentumselement genannt, kann einem Dritten gehören, der gar nicht Mitglied der Eigentümergemeinschaft ist, wenn dieser nur das Oberflächennutzungsrecht (derecho de superficie) verkauft worden ist. Andererseits kann eine Gemeinschaftsgarage sämtlichen Wohnungseigentümern gemeinschaftlich gehören, auch wenn sie in der Aufzählung der typischen Gemeinschaftselemente in Artikel 1 nicht genannt ist.

* Vgl. Haring, Das Wohnungseigentum nach spanischem und deutschem Recht, S. 130.

* Vgl. hierzu den Beitrag von Antonio-Traveset y Gonzalez, Consideración Jurídica de las Terrazas ante la Ley de Propiedad Horizontal, abgedruckt Revista Jurídica de Cataluña, 1960, S. 147 ff.

Was im Einzelfalle Gemeinschafts- und Sondereigentum ist, läßt sich am ehesten aus dem Errichtungstitel (Division horizontal) entnehmen. Zur Auslegung kann auch die Satzung herangezogen werden. Unklarheiten gehen meistens zu Lasten desjenigen, dessen Recht nicht im Errichtungstitel enthalten ist. Wem bei den Verkaufsverhandlungen zugesagt wurde, ein bestimmter Innenhof oder Vorgarten, der nur von der Eigentumswohnung im Parterre zugänglich ist, gehöre zur Eigentumswohnung, sollte sich nach dem Bestand dieses Sonderrechts im Errichtungstitel erkundigen und sich dieses Recht noch einmal in seinem notariellen Kaufvertrag bestätigen lassen.

Bei der Frage, ob ein bestimmter Gegenstand Gemeinschaftseigentum ist, kommt es nicht darauf an, ob er üblicherweise von sämtlichen Wohnungseigentümern genutzt wird. Das bedeutet konkret, daß ein Fahrstuhl auch für den Parterrebewohner Gemeinschaftseigentum ist, mag er ihn auch im Einzelfall nie benutzen.

In Artikel 1 ist von „Kanalisationen" die Rede. Es handelt sich hierbei um einen Sammelbegriff. Hierunter fallen Gas-, Wasser- und Elektrizitätsleitungen bis zum Eintritt in das jeweilige Appartement. Hierzu gehören aber auch Abwasserleitungen, Regenrinnen, Müllschlucker und Abzugsschächte.

Während die Hauseingangs-, Boden- und Kellertüren Gemeinschaftseigentum sind, gehören die Eingangstüren zum einzelnen Appartement ihrem Eigentümer.

Zu jeder Eigentumswohnung und zu jedem Geschäftslokal gehört ein gewisser Anteil am Gemeinschaftseigentum. Die Grundsätze, die zu der Festlegung der Quote führen, wurden oben im einzelnen aufgeführt. Artikel 1 spricht aus, daß diese Quote am Gemeinschaftseigentum nur zusammen mit dem einzelnen Appartement oder Geschäftslokal veräußert, belastet oder gepfändet werden darf. Mit dieser Bestimmung soll verhindert werden, daß wirtschaftlich wertloses Eigentum entsteht; denn eine separate Veräußerung der Miteigentumsquote ohne das dazugehörige Wohnungs- oder Geschäftsraumeigentum würde dazu führen, daß dieses nicht mehr nutzbar ist.

8. Welche Rechte und Pflichten folgen aus dem Gemeinschaftseigentum?

Jeder Wohnungseigentümer ist am Gemeinschaftseigentum mit einer Quote beteiligt, deren Höhe sich aus dem Errichtungstitel, dem individuellen Kaufvertrag oder aus der Satzung ergibt. Rechte und Pflichten des Miteigentümers sind grundsätzlich anderer Natur als die des Allein- oder Sondereigentümers, da er sich die Rechtsstellung mit anderen teilen muß. Hingegen tritt dieser Unterschied beim Wohnungseigentum nicht so stark zutage, da hier das verbindende Merkmal des nachbarschaftlichen Gemeinschaftsverhältnisses eine Gleichartigkeit der Interessen schafft. Die Verpflichtung eines jeden Wohnungseigentümers, sich im Rahmen seiner Rechte zu bewegen und andere in ihren Rechten nicht zu beeinträchtigen, ergibt sich in gleicher Weise aus dem Sonder-(Wohnungs-)eigentum wie auch aus dem Miteigentum. Wer beispielsweise durch Lärm andere Wohnungseigentümer in ihren Rechten beeinträchtigt, mißachtet seine Verpflichtungen aus dem Sonder- oder Miteigentum, je nachdem, wovon die Belästigung ausgeht. Die Verpflichtung, Gemeinschaftseigentum sorgsam zu behandeln und die Rechte der übrigen Wohnungseigentümer nicht zu beeinträchtigen, ist in Artikel 9 Ziffer 6 enthalten. Die übrigen Bestimmungen des Artikels 9 lassen sich teilweise aus dem Sondereigentum und teilweise aus dem Miteigentum herleiten. Da die Grenzen hier nur schwer zu ziehen sind, ja auf der ganzen Linie Überschneidungen festzustellen sind zwischen Sonder- und Gemeinschaftseigentum und den aus ihnen folgenden Rechten und Pflichten, hat der spanische Gesetzgeber in den Artikeln 7 und 9 auch keine besondere Trennung vorgenommen.

Für die Beseitigung von Schäden am Gemeinschaftseigentum haben Wohnungs- und Geschäftsraumeigentümer entsprechend ihrer Quote einzustehen. Der Verwalter veranlaßt gewöhnliche Reparaturen, sofern sich aus der Satzung nichts Abweichendes ergibt, während außergewöhnliche Reparaturen von der Eigentümerversammlung zu beschließen sind.

Artikel 10 behandelt die Frage, inwieweit neue gemeinschaftliche Einrichtungen und Verbesserungen an den Gemeinschaftsanlagen beschlossen werden können. Interessant ist, daß der Gesetzgeber die Minderheiten, die bei Investitionen oft nicht mithalten können, gegen Beschlüsse der Mehrheit schützt, indem er gewisse Mindestvoraussetzungen verlangt. Zulässig sind ohne weiteres Mehrheitsbeschlüsse, die neue Einrichtungen, Dienste und Verbesserungen vorsehen, sofern sie zur angemessenen Erhaltung und Bewohnbarkeit der Gemeinschaftsanlage entsprechend ihrem bisherigen Charakter erforderlich sind. Wenn die Hauseingangstür verrottet oder der Flurteppich abgetreten ist, kann durch Mehrheitsbeschluß ohne weiteres eine Neuanschaffung beschlossen werden. Ein schadhafter Fahrstuhl, der in der Vergangenheit wegen ständiger Reparaturen zu hohen Umlagen geführt hat, kann erforderlichenfalls durch einen neuen ersetzt werden. Jeder einzelne Eigentümer muß sich entsprechend seiner Quote an den Kosten beteiligen. Werden jedoch von der Mehrheit gewisse „Luxusanschaffungen" beschlossen, die dem bisherigen Charakter der Gemeinschaftsanlage nicht entsprechen, so sind sie für die Minderheit, die gegen sie gestimmt hat, dann nicht verbindlich, wenn sie die Umlagekosten eines Monats überschreiten. So hat beispielsweise der Beschluß, wonach in eine Gemeinschaftsanlage eine Zentralheizung eingebaut wird, keine Rechtswirkung gegenüber denjenigen, die gegen den Beschluß gestimmt haben.

Wer bei der Abstimmung nicht anwesend war, muß in der in Artikel 16 näher bezeichneten Frist und in der dort angegebenen Form dem Beschluß widersprechen; andernfalls tritt hinsichtlich der getroffenen Beschlüsse Bindungswirkung ein mit der Konsequenz, sich an den Neuerungen entsprechend seiner Quote finanziell zu beteiligen. Es ist auch möglich, daß jemand, der zunächst gegen eine derartige Neuerung oder Verbesserung gestimmt hat, später durch entsprechende Zahlung in den Kreis der Privilegierten eintritt. Nur wer sich an der Finanzierung beteiligt hat, hat an der Neuerung Nutzungs- und Gebrauchsrechte. Wird jedoch einem Eigentümer durch die vorgesehene Neuerung der Gebrauch oder die Nutzung eines Teiles des Gebäudes unmöglich gemacht, so ist zuvor seine ausdrückliche Zustimmung einzuholen.

Wenn eine Aufstockung des Gebäudes beschlossen werden soll, so muß dies gemäß Artikel 11 und 16 Ziffer 1 einstimmig erfolgen. Mit einer Aufstockung tritt automatisch eine Veränderung der Beteiligungsquoten ein. Anders ist jedoch der Fall zu beurteilen, wenn sich einer der Eigentümer oder ein Dritter im Errichtungstitel ausdrücklich ein Aufstockungsrecht vorbehalten hat. Hier kann man allenfalls prüfen, ob das Aufstockungsrecht in rechtswirksamer Weise begründet ist.

Die einzelnen Rechte und Pflichten, die aus dem Gemeinschaftseigentum folgen, werden – soweit hier noch nicht abgehandelt – in dem Kapitel „Rechte und Pflichten der Wohnungseigentümer" besprochen, da vielfach eine exakte Trennung nicht möglich ist.

9. Das einzelne Wohnungs- und Geschäftsraumeigentum

Das einzelne Wohnungs- und Geschäftsraumeigentum ist zwar räumlich betrachtet Teil der Gesamtanlage; rechtlich gesehen ist es jedoch verselbständigt und mit der Gesamtanlage nur durch das Miteigentum an den gemeinschaftlichen Elementen verbunden. Dem Eigentümer einer Raumeinheit steht ein alleiniges und ausschließliches Eigentumsrecht an dieser zu. Eine Eigentumswohnung ist wie ein Reihenhaus, nur daß dieses seine Nachbarn nicht über- und untereinander, sondern nebeneinander hat. Grundbuchmäßig haben Eigentumswohnung wie Reihenhaus ihre eigene Bezeichnung mit der Konsequenz der selbständigen Verfügbarkeit.

Zum einzelnen Wohnungseigentum können neben der Wohnung Keller- und Bodenräume sowie Abstellplätze und Garagen* gehören. Was Sondereigentum ist, ergibt sich im einzelnen aus dem Errichtungstitel und aus dem individuellen Kaufvertrag. Diese Erkenntnisquellen versagen jedoch, wenn es um die Beurteilung der Frage geht, ob und ggf. an welchen Wänden, Leitungen und Rohren innerhalb der Wohnung Alleineigentum des Wohnungseigentümers besteht. Grundsätzlich läßt sich unter Bezugnahme auf Artikel 3 a sagen, daß all das, was hinter den Begrenzungen der Eigentumswohnung liegt und ihr zu dienen bestimmt ist, Alleineigentum ihres Inhabers ist. Das bezieht sich auf die Wohnungseingangstür wie auf die Balkonmarkise, auf die Einbauküche wie auf die elektrische Anlage der Eigentumswohnung. Daneben gibt es selbstverständlich auch Zu- und Abflüsse, die nur durch die einzelne Wohnung geführt sind, mit ihr jedoch nichts zu tun haben. Sie stehen im Gemeinschaftseigentum. Das Problem, was im Einzelfall Sondereigentum und was Gemeinschaftseigentum ist, wird eigentlich nur bei Reparaturen akut, wenn es um die Frage der Kostentragung geht.

Interessant ist die Frage, inwieweit die Eigentumswohnung umgestaltet werden darf; denn architektonisch ist sie ja Teil der Gesamtanlage. Das Gesetz nennt in Artikel 7 die Voraussetzungen, setzt die Maßstäbe und zeigt die Grenzen auf. Danach ist eine Veränderung der Eigentumswohnung grundsätzlich zulässig; der Präsident muß jedoch nach Artikel 71 zuvor verständigt werden. Die Maßnahme darf jedoch nicht zu einer Beeinträchtigung

* Zur Problematik vgl. Haring, Wohnungseigentum nach spanischem und deutschem Recht, S. 144 ff., 170 ff., 180.

der Rechte der übrigen Eigentümer führen. Es darf weder die Sicherheit des Gebäudes beeinträchtigt werden, noch darf die Veränderung zu einer Wertminderung oder einer Umgestaltung des äußerlichen architektonischen Bildes der Gesamtanlage führen. An einem praktischen Beispiel demonstriert, heißt es, daß die Außenfenster weder vergrößert noch zugemauert werden dürfen. Auch schon die Veränderung der hauseinheitlichen Markise durch ein anderes Modell oder durch eine andere Farbgebung ist eine unzulässige Umgestaltung des äußeren Bildes der Gesamtanlage. Markisen auf dem Balkon waren schon mehrfach Gegenstand gerichtlicher Auseinandersetzungen. Kläger waren meist die Eigentümer oberer Stockwerke, denen zu große Markisen unterer Mitbewohner die Sicht auf die Straße versperrten. Es wurde auch moniert, daß große Markisen den Einstieg von Fassadenkletterern in obere Stockwerke erleichterten. Obwohl ein Beschluß der Eigentümerversammlung die Größe und Anbringung der Markise ausdrücklich billigte, fand das angerufene Gericht doch eine Beeinträchtigung der Rechte des Klägers und ordnete eine Verkleinerung der Markise an*. Der Einbau von Klimaanlagen bedeutet zwar auch eine Veränderung des architektonischen Gesamtbildes, hat aber nach und nach allgemeine Anerkennung gefunden.

In der Praxis kommt es öfter vor, daß Wohnungs- oder Geschäftsraumeigentum vergrößert oder verkleinert wird durch räumliche Zusammenlegung oder Abtrennung. In Artikel 8 sind die einzelnen Voraussetzungen geregelt. Vor der Veränderung ist die Zustimmung der Eigentümerversammlung einzuholen. Die einfache Mehrheit reicht aus, Einstimmigkeit ist nicht erforderlich. Die Eigentümerversammlung setzt auch die neuen Quoten hinsichtlich der veränderten Räumlichkeiten fest. Eine Quotenverschiebung kann jedoch nur bei den Wohnungen und Geschäftsräumen entstehen, die von der Veränderung berührt sind. Im Verhältnis zur Gesamtheit bedeutet dies, daß die Quoten der übrigen Miteigentümer unverändert bleiben.

Gewisse Beschränkungen des Wohnungseigentums können in der Satzung enthalten sein. Zulässig ist die Beschränkung, wonach die Wohnung nicht als Praxis Verwendung finden darf.

Satzungsbestimmungen, die den Wohnungseigentümern das Untervermieten oder Beherbergen von Gästen untersagen, sollten erforderlichenfalls ge-

* Revista de Derecho Privado 1971, Nr. 55: Urteil des Obersten Gerichtshofes vom 14. April 1971.

richtlich auf ihre Rechtsgültigkeit überprüft werden, da hier das Eigentumsrecht in seinem Wesen berührt wird.

10. Rechte und Pflichten der Wohnungseigentümer

Die einzelnen Rechte und Pflichten der Wohnungs- und Geschäftsraumeigentümer ergeben sich aus dem Wohnungseigentumsgesetz, aus der Satzung und aus der Hausordnung. Die Rechte und Pflichten sind wegen der Vielzahl der Beziehungen des einzelnen zur Gemeinschaft, zum Miteigentum, zum Sondereigentum und zum Nachbarn mannigfaltiger Natur.

Während Artikel 9 einen Katalog der Pflichten des Wohnungseigentümers enthält, fehlt eine entsprechende besondere Aufzählung der Rechte im spanischen Wohnungseigentumsgesetz. Die Rechte der Wohnungseigentümer lassen sich zum großen Teil aus dem Gesetz, teilweise aber auch aus allgemeinen Rechtsgedanken herleiten.

Eines der Hauptrechte des Wohnungseigentümers ist das Gebrauchs- und Nutzungsrecht auch an den Anlagen der Allgemeinheit, an denen er gemäß seiner Quote beteiligt ist. Nach Artikel 4 des spanischen Wohnungseigentumsgesetzes ist die Eigentümergemeinschaft zur Veräußerung von solchen Raumeinheiten berechtigt, die nicht der Zielsetzung gemeinschaftlicher Dienste oder gemeinschaftlicher Nutzung dienen. Es können also der Gemeinschaft gehörende Wohnungen oder Geschäftsräume vermietet oder veräußert werden, um die Allgemeinkosten der Gemeinschaft zu senken. Indes dürfen nicht veräußert werden Sondereigentumsanteile oder gemeinschaftliche Elemente.

Ein Wohnungseigentümer kann nach Artikel 10 neue Einrichtungen und Verbesserungen verlangen. Jeder Wohnungseigentümer hat ein Recht, an den Eigentümerversammlungen teilzunehmen, hier Vorschläge zu machen und Anträge zu stellen und abzustimmen. Dieses Mitwirkungsrecht an den Belangen der Gemeinschaft ist ein sehr wesentliches Recht, das häufig jedoch aus Gleichgültigkeit oder aus anderen Gründen nicht ausgeübt wird. In einem besonderen Artikel ist das Aufstockungsrecht behandelt, in Artikel 11. Danach kann der Antrag gestellt werden, neue Stockwerke zu errichten. Dieser Beschluß bedarf aber der Einstimmigkeit.

Beim Pflichtenkatalog des Wohnungseigentümers sind die Kosten und Umlagen das am meisten diskutierte Problem. Beim Geld hört oft die Gemeinsamkeit auf. Unter Nachbarn fangen dann die Prozesse an.

Häufig wird unter Hinweis auf die tatsächliche Nichtinanspruchnahme gewisser Leistungen die Meinung vertreten, damit entfalle die Pflicht, die anteiligen Gemeinkosten zu tragen. Hier spricht Artikel 9 Ziffer 6 Absatz 2 klar aus, daß die Zahlungspflicht nicht die vorherige Inanspruchnahme der Dienste voraussetzt. Bewohner des 1. Stockwerks können deshalb nicht ihre anteiligen Kosten mit dem Argument zurückhalten, sie würden den Fahrstuhl überhaupt nicht benutzen. Umgekehrt muß sich auch ein Bewohner des 15. Stockwerks an den Kosten eines Treppenläufers beteiligen, auch wenn er tatsächlich immer den Lift benutzt und für die Abnutzung des Treppenläufers nicht in Betracht kommt. Wenn die Eigentümerversammlung eine Putzfrau engagiert hat, so können die anteiligen Kosten nicht unter Hinweis darauf zurückgehalten werden, man sorge für die Sauberkeit der Treppe selbst*.

Die Kostentragungspflicht des Wohnungseigentümers ist nicht abhängig von seiner Eintragung im Grundbuch; sie beginnt mit der Übergabe der Wohnung**. Die Höhe der Umlagen richtet sich nach der jeweiligen Quote. Die Gemeinschaft hat nach Art. 9 Ziffer 5 einen Anspruch gegen das jeweilige Wohnungs- und Geschäftsraumeigentum hinsichtlich der Umlagekosten des vergangenen und der fälligen des laufenden Jahres. Dieser Anspruch geht allen übrigen vor. Als Erwerber sollte man dies beachten und sich zuvor beim Verwalter erkundigen, ob der Vorgänger seine Umlagen bezahlt hat. Maßgeblicher Zeitpunkt der Kostentragung ist nicht die Eintragung im Grundbuch, sondern die tatsächliche Übergabe an den Erwerber. In der Regel beginnen somit die Kosten bereits vor Eintragung in das Grundbuch zu laufen. Da der Erwerber von Wohnungseigentum auch für eventuelle Rückstände seines Vorgängers haftet, sollte durch eine Bescheinigung des Verwalters oder Präsidenten Klarheit geschaffen werden, ob und gegebenenfalls welche Rückstände bestehen.

* Revista de Derecho Privado 1973, Seite 576: Urteil des OLG Valladolid vom 4. März 1972.

** Revista de Derecho Privado 1973, Seite 573: Urteil des OLG Alicante vom 4. Oktober 1971.

Artikel 7 Absatz 3 enthält einen Katalog derjenigen Aktivitäten, deren sich ein Wohnungseigentümer enthalten soll. Er soll zunächst satzungskonform leben. Er soll auch keine Tätigkeiten entfalten, die dem Grundstück schaden, gefährlich, ärgerlich oder gesundheitsschädlich sind. Das Verbot, seine Eigentumswohnung in einen Massagesalon umzufunktionieren, dürfte der dritte Absatz des Artikels 7 enthalten; er verbietet nämlich „unmoralische Handlungen". Zuwiderhandlungen ziehen zunächst einen Verweis des Verwalters nach sich. Wenn das nichts nützt, kann im Klagewege gegen den Störer vorgegangen werden, so Artikel 19 Absatz 1. Der Richter kann bei groben Verstößen gegen Gebote der Satzung oder bei extrem gemeinschaftswidrigem Verhalten eine bis zu zweijährige Besitzentziehung des Wohnungs- oder Geschäftsraum-Eigentums anordnen.

Die weiteren allgemeinen und besonderen Gemeinschafts- und Nachbarpflichten sind in den übrigen Ziffern des Artikels 9 enthalten. Sie unterscheiden sich kaum von denen anderer Wohnungseigentumssysteme und enthalten das Postulat der Rücksichtnahme. Jeder Wohnungseigentümer hat die Verpflichtung, die Eigentumswohnung und die eigenen Einrichtungen in solch gutem Zustande zu erhalten, daß weder die Gemeinschaft noch andere Eigentümer geschädigt werden. Er muß auch Reparaturen in seiner Wohnung zustimmen und hat auch den Eintritt in seine Wohnung zu gestatten, wenn Arbeiten ausgeführt werden müssen.

Im spanischen Recht sind Bestimmungen, die den Schutz nachbarlicher Rechte zum Gegenstand haben, nicht allgemein geregelt; sie finden sich versteckt an verschiedenen Stellen des Código Civil (z. B. Artikel 1908, 384, 590 ff., 552, 562, 569, 580 ff.). Im Wohnungseigentum sind die nachbarschaftlichen Beziehungen wegen der größeren Nähe der Nachbarn von besonderer Bedeutung. Sie sind in den Artikeln 7 und 9 des spanischen Wohnungseigentumsgesetzes geregelt.

Von besonderer Bedeutung erscheint in diesem Zusammenhang das Dekret Nr. 2414/1961 vom 30.11.1961, abgedruckt im Spanischen Staatsanzeiger vom 7. Dezember 1961, das einen Katalog von Belästigungen enthält, die der Nachbar nicht hinzunehmen braucht. Dieses Dekret bezieht sich allgemein auf Emissionen, die vom Nachbarn ausgehen und das eigene Eigentum beeinträchtigen. Es ist eine äußerst wichtige Anspruchsgrundlage gegen Eigentumsstörungen durch Lärm, Abgase, Staubentwicklung, Gesundheitsbeschädigungen etc.

11. Das Parlament der Wohnungseigentümer:

Die Eigentümerversammlung

a) Zuständigkeit

Oberstes Organ einer Eigentümergemeinschaft nach spanischem Recht ist die Eigentümerversammlung. Sie ist zuständig einmal für das Gemeinschaftseigentum und zum anderen für solche Komplexe des jedem Wohnungs- oder Geschäftsraumeigentümer gehörenden Sondereigentums, die Bezug zum Gemeinschaftseigentum haben. Die Aufzählung der Befugnisse der Eigentümerversammlung in Artikel 13 ist nicht erschöpfend, sondern nur beispielhaft. Die wichtigsten Aufgaben der Eigentümerversammlung werden nachstehend aufgeführt:

- Ernennung und Abberufung des Präsidenten, des Sekretärs und Verwalters sowie die Überwachung derer Handlungen;
- Beschlußfassung über Einnahmen und Ausgaben der Gemeinschaft;
- Beschlüsse über Verbesserungsarbeiten an den Gemeinschaftselementen sowie außerplanmäßige Arbeiten;
- Aufstellung der Satzung und der inneren Ordnung (Hausordnung);
- Festsetzung der Anteile (Quoten);
- Aufstockung des Gebäudes;
- Neueinteilung bereits vorhandener Wohnungen;
- Beschlußfassung über Vorkaufs- und Rückkaufsrechte in der Satzung;
- Einrichtung neuer Dienstleistungen;
- Verteilung von erzielten Gewinnen;
- Ernennung eines Verwaltungsbeirates etc.

Zu den Aufgaben der Eigentümerversammlung gehört, kurz gesagt, all das, was im Gemeinschaftsinteresse der Eigentümer liegt und was das Gesetz oder die Satzung anderen Organen der Gemeinschaft nicht zugewiesen hat.

b) Wer ist teilnahmeberechtigt?

Die Teilnahmeberechtigung erfährt man aus Artikel 14 des Gesetzes. Danach kann an der Eigentümerversammlung teilnehmen, wer ein Appartement oder ein Geschäftslokal sein eigen nennt. Gehört es hingegen mehreren gemeinschaftlich, so muß ein Vertreter ernannt werden, der die Rechte der Appartementbesitzer in der Eigentümerversammlung vertritt. Danach dürfen also Eheleute, die gemeinschaftlich im Grundbuch als Eigentümer eingetragen sind, nicht gemeinsam an der Eigentümerversammlung teilnehmen. Indessen sieht die Praxis meist anders aus. Teilnehmen können meistens die verschiedenen Miteigentümer eines Appartements; hingegen darf nur einer bei der Abstimmung seine Stimme abgeben. Aus Steuergründen werden häufig in Spanien Appartements für die Kinder erworben. Teilnahme- und vertretungsberechtigt sind in diesen Fällen die gesetzlichen Vertreter. Gehören Appartements oder Geschäftslokale Vereinen oder juristischen Personen, so sind gleichfalls deren gesetzliche Vertretungsorgane teilnahme- und vertretungsberechtigt.

Wer nicht persönlich erscheinen kann oder will, kann einen Vertreter benennen, der eine schriftliche Vollmacht vorzuweisen hat. Besteht am Appartement oder am Geschäftslokal ein Nießbrauchsrecht eines Dritten, so kann dieser ohne besondere Vollmacht in der Eigentümerversammlung auftreten. Solange der Eigentümer nicht auftritt, wird vermutet, daß der Nießbraucher das Vertretungsrecht hat. Bei wichtigen Entscheidungen, also solchen, die Einstimmigkeit voraussetzen, ist es hingegen erforderlich, daß der Eigentümer ausdrücklich zustimmt. Anders als der Nießbraucher hat der Mieter kein Vertretungsrecht, sofern er nicht eine besondere Vollmacht des Eigentümers vorlegen kann. Der Verwalter hat nur dann ein Teilnahmerecht, wenn er gleichzeitig Sekretär ist, die Tagesordnungspunkte seine Anwesenheit verlangen oder die Mehrheit der Eigentümer dies fordert.

Wenn Appartements Verwaltungsgesellschaften zur Vermietung übergeben werden, so sehen Bestimmungen der Standardverträge häufig vor, daß die Verwaltungsgesellschaft den Wohnungseigentümer in der Eigentümerversammlung vertritt. Hier ist Vorsicht geboten, da man nicht weiß, wie der Vertreter bei wichtigen Beschlüssen abstimmt. Die Vollmacht sollte in solchen Fällen beschränkt und zum anderen auch jederzeit widerrufbar ausgestaltet sein.

c) Gewöhnliche und außerordentliche Eigentümerversammlungen

Artikel 15 regelt beide Arten der Eigentümerversammlung: die gewöhnliche wie die außerordentliche. Die gewöhnliche Versammlung findet wenigstens einmal jährlich statt, um über die Vorschläge und die Rechnungsführung der Gemeinschaft abzustimmen. Sie wird vom Vorsitzenden einberufen. Weigert sich der Vorsitzende, eine Eigentümerversammlung einzuberufen, so kann jeder Wohnungs- und Geschäftsraumeigentümer den Richter anrufen, damit dies veranlaßt wird. Außerordentliche Eigentümerversammlungen finden statt, wenn dies der Vorsitzende für erforderlich hält oder mindestens ein Viertel der Eigentümer oder ein Viertel der Anteile dies verlangt. Weigert sich der Vorsitzende, eine außerordentliche Eigentümerversammlung einzuberufen, so kann sie von denjenigen Eigentümern einberufen werden, die sie gefordert haben.

Das spanische Wohnungseigentumsgesetz gibt keine Auskunft, wann die erste Eigentümerversammlung einzuberufen ist. Regelt dies auch nicht die Satzung, ist jeder Eigentümer berechtigt, die erste Eigentümerversammlung einzuberufen. In dieser wird der Vorsitzende gewählt. Notwendig ist die Mehrheit der Eigentümerstimmen sowie die Mehrheit der Anteile, um den Vorsitzenden wirksam zu wählen. Es ist mithin eine doppelte Mehrheit erforderlich, die der Stimmen wie auch die der Anteile (Quoten). Umstritten ist, ob ein Wohnungseigentümer, der mehrere Wohnungen besitzt, nur eine oder so viele Stimmen besitzt, wie er Wohnungen hat. Eine höchstgerichtliche Entscheidung dieser in der Literatur umstrittenen Frage liegt nicht vor. Dies sollte gegebenenfalls auf Grund der Satzung geregelt werden.

Nach der Wahl führt der Präsident den Vorsitz in der Eigentümerversammlung, in der alsdann über die weiteren Punkte abgestimmt wird, wie Ernennung des Verwalters, des Sekretärs, des Schatzmeisters, etc. Sämtliche Beschlüsse müssen den nichtanwesenden Eigentümern mitgeteilt werden, damit diese die Möglichkeit haben, sie anzufechten.

d) Einberufung, Ort und Zeit

Das Gesetz sieht nur eine Mindestfrist von sechs Tagen vor, um ordentliche Eigentümerversammlungen einzuberufen. Bei außerordentlichen Eigentümerversammlungen heißt es im Gesetz lediglich, diese seien so einzuberufen, daß jeder Eigentümer die Möglichkeit hat, an der Versammlung teilzunehmen. Der spanische Gesetzgeber hat hier bestimmt nicht an die zahlreichen Ausländer gedacht, die ihre Eigentumswohnung lediglich für wenige Urlaubswochen im Jahr bewohnen. In einer Eigentümerversammlung sollte deshalb darauf gedrungen werden, in einer Satzungsbestimmung eine längere Frist vorzusehen. Die Einberufung zur Eigentümerversammlung muß schriftlich erfolgen. Wenn der einzelne Eigentümer keine besondere Anschrift genannt hat, ist die des Appartements in der Gemeinschaft maßgeblich. In der Einladung zur Eigentümerversammlung ist die Tagesordnung anzugeben, sowie Zeit und Ort der Versammlung. Nicht erforderlich ist es, daß die Eigentümerversammlung an dem Ort stattfindet, an dem sich das Wohnungseigentum befindet, denn in der Einladung ist ja „der Ort" anzugeben. Wenn die Satzung hierüber nichts aussagt, kann die Eigentümerversammlung dort einberufen werden, wo es für die Beteiligten am günstigsten ist. Ob eine Eigentümerversammlung rechtswirksam auch im Ausland abgehalten werden kann, ist strittig. Nur dann, wenn eine Einverständniserklärung sämtlicher Eigentümer vorliegt, kann davon ausgegangen werden, daß im Ausland gefaßte Eigentümerbeschlüsse nicht angefochten werden können.

Ist die Eigentümerversammlung fehlerhaft einberufen worden, weil einzelne Bestimmungen nicht beachtet oder einzelne Eigentümer nicht eingeladen worden sind, so können die in ihr gefaßten Beschlüsse von denjenigen angefochten werden, die an der Versammlung nicht teilnahmen. Dies muß innerhalb eines Monats nach Bekanntmachung des Protokolls an den einzelnen Wohnungs- oder Geschäftsraumeigentümer durch schriftlichen Widerspruch beim Vorsitzenden geschehen. Solange nicht eine neue Eigentümerversammlung einberufen und in ihr erneut über die einzelnen Punkte abgestimmt worden ist, haben diese keine Bindungswirkung gegenüber denjenigen, die Widerspruch eingelegt haben.

e) Beschlußfassung

Beschlüsse können mit einfacher Mehrheit, mit 4/5 Mehrheit oder mit Einstimmigkeit gefaßt werden. Welche Mehrheiten jeweils erforderlich sind, ergibt sich aus dem Gesetz. Einstimmigkeit verlangt Artikel 16 Ziffer 1 für diejenigen Beschlüsse, die den Errichtungstitel oder die Satzung betreffen. Basierend auf dem Gesetz, verlangen Lehre und Rechtsprechung Einstimmigkeit für folgende Beschlüsse:

– Veränderung der Beteiligungsquoten;
– Errichtung, Änderung oder Abschaffung von gemeinschaftlichen Einrichtungen;
– Errichtung neuer Stockwerke oder neuer Wohnungen oder Geschäftslokale durch Teilung oder Zusammenlegung;
– Einbau von Fenstern in tragende Elemente des Gemeinschaftseigentums;
– Werbung in Fenstern oder an den Fassaden;
– Einbau einer Einzelantenne, wenn es bereits eine Gemeinschaftsantenne gibt;
– Überdachung des gemeinschaftlichen Innenhofes (Patio);
– Bau von Kellern;
– Aufteilung einer der Gemeinschaft gehörenden Wohnung oder eines Geschäftslokals zugunsten ihrer Mitglieder;
– Wiederaufbau des Gebäudes, sofern sich die Kosten hierfür auf mehr als 50 % des Gebäudewertes belaufen und der Rest nicht von einer Versicherung gedeckt ist;
– Änderung der Zweckbestimmung des Gebäudes.

Beschlüsse, für die das Gesetz Einstimmigkeit verlangt, sind nur dann rechtswirksam, wenn sie einstimmig gefaßt wurden oder die nicht erschienenen Eigentümer nicht binnen eines Monats nach wirksamer Zustellung der Beschlüsse Widerspruch angemeldet haben.

Wird widersprochen, so haben die Beschlüsse keine Rechtswirkung, da ja ausdrücklich Einstimmigkeit für die Annahme erforderlich ist.

Eine 4/5 Stimmenmehrheit ist nach Artikel 9 Ziffer 3 erforderlich, wenn es um die Neuerrichtung von Diensten für die Allgemeinheit geht.

Hingegen reicht die einfache Stimmenmehrheit aus für alle übrigen Beschlüsse, beispielsweise für

– die Annahme der inneren Ordnung (Hausordnung);
– Annahme des Jahresetats;
– Ernennung des Präsidenten und der übrigen Organe der Gemeinschaft;
– Durchführung von ordentlichen und außerordentlichen Arbeiten, sofern sie für die Erhaltung des Gebäudes erforderlich sind;

– Abmahnung derjenigen Eigentümer, die in ihren Appartements oder Geschäftslokalen unerlaubte Tätigkeiten entfalten, sowie der diesbezügliche Antrag auf richterliche Entscheidung;
– Ermächtigung des Präsidenten, namens der Gemeinschaft Ansprüche geltend zu machen oder gerichtlich vorzugehen.

Artikel 16 Ziffer 2 verlangt, daß Mehrheitsbeschlüsse gleichzeitig auch von der Mehrheit der Anteile gefaßt werden müssen, aber nicht nur von der Mehrheit der Stimmen. Ein wirksames Zusammentreten in der Versammlung setzt mithin die doppelte Mehrheit voraus. Kommt in der ersten Versammlung diese Mehrheit nicht zustande, so reicht es aus, wenn sich in der zweiten Versammlung eine Mehrheit der Anwesenden findet, die jedoch auch gleichzeitig die Mehrheit der anwesenden Anteile repräsentieren muß. Kommt auch in der zweiten Versammlung ein gültiger Mehrheitsbeschluß nicht zustande, so können die Antragsteller innerhalb eines Monats nach Einberufung der letzten Versammlung den örtlichen zuständigen Richter anrufen. Dieser muß innerhalb von 20 Tagen nach Antragstellung und nach Anhörung der Gegenseite eine Entscheidung fällen.

Beschlüsse jedweder Art müssen nach Geist und Buchstaben des Gesetzes in Eigentümerversammlungen gefaßt werden. Sie können nicht mittels Unterschriften unter Rundschreiben zustande kommen. Der Grund ist darin zu suchen, daß das Gesetz eine Aussprache der Miteigentümer vorsieht, bevor Beschlüsse gefaßt werden, was jedoch nicht gewährleistet wäre, wenn Beschlüsse außerhalb der Eigentümerversammlungen durch Unterschriften unter Rundschreiben gefaßt würden.

f) Protokollbuch

Artikel 17 verlangt, daß alle Beschlüsse der Eigentümerversammlung in einem Buch wiedergegeben werden müssen. Im einzelnen haben in dem Protokollbuch folgende Dinge zu erscheinen:

– Zeit und Ort der Eigentümerversammlung, Bezeichnung der Eigentümerversammlung;
– Zahl der Erschienenen und Angabe ihrer Quoten, gegebenenfalls wer vertreten wird;

- Tagesordnung;
- Wiedergabe der Diskussion in ihren wesentlichen Punkten;
- angenommene Beschlüsse;
- Unterschrift des Präsidenten und des Sekretärs oder sämtlicher Beteiligter, sofern das Protokoll am Ende der Sitzung bereits abgefaßt ist.

Artikel 17 des Wohnungseigentumsgesetzes sieht vor, daß die einzelnen Protokolle der Eigentümerversammlungen in einem numerierten Protokollbuch einzutragen sind, das entweder vom örtlichen Richter oder Notar durch Stempel und Unterschrift als solches gewidmet sein muß. Der Sekretär der Eigentümergesellschaft trägt die Beschlüsse ein und unterzeichnet; in der Regel gibt der Präsident sein „visto bueno“.

12. Der Vorsitzende – „El Presidente“

a) Aufgaben

Anders als im deutschen Recht vertritt der Vorsitzende gerichtlich und außergerichtlich die Eigentümergemeinschaft und nicht der Verwalter. Da der Vorsitzende notwendigerweise der Eigentümergemeinschaft als Wohnungs- oder Geschäftsraumeigentümer angehören muß, ist die Gefahr der Interessenkollision geringer, als wenn es sich um einen Verwalter handelt, der selbst nicht Appartementbesitzer sein muß. Der spanische Oberste Gerichtshof hat mehrfach ausgesprochen, daß der Vorsitzende ein Organ ist, das die Gemeinschaft in der Weise personifiziert, daß seine Handlungen nicht nur als im Namen der Gemeinschaft vorgenommen angesehen werden, sondern als Handlungen der Gemeinschaft selbst*. Hauptaufgaben des Vorsitzenden sind folgende:

- Einberufung der Eigentümerversammlungen und Vorsitz in diesen;
- Übernahme der Aufgaben des Verwalters und Sekretärs, wenn die Satzung nichts anderes bestimmt oder die Eigentümerversammlung Verwalter und Sekretär nicht wählt oder sofern deren Posten vakant sind;
- gerichtliche und außergerichtliche Vertretung der Gemeinschaft.

* Urteile vom 19.6.1965 und vom 11.12.1965.

Der spanische Oberste Gerichtshof hat jedoch mehrfach entschieden, daß jeder Eigentümer im Falle der Untätigkeit des Vorsitzenden oder bei dessen Widersetzlichkeit nicht nur berechtigt ist, Maßnahmen zu ergreifen, die sich auf sein eigenes Wohnungs- oder Geschäftsraumeigentum beziehen, sondern auch auf das Gemeinschaftseigentum*.

b) Ernennung und Abberufung

Der Vorsitzende wird von der Mehrheit der Eigentümerversammlung ernannt, was durch den Sekretär durch seine Unterschrift unter das Protokoll bestätigt wird. Übt der Vorsitzende gleichzeitig auch die Aufgaben des Sekretärs aus, so sollte erforderlichenfalls ein notarieller Beweis der Ernennung erbracht werden. Üblicherweise wird der Vorsitzende für ein Jahr ernannt mit der Möglichkeit der stillschweigenden Verlängerung für gleiche Zeiträume.

Durch Mehrheitsbeschluß der Eigentümerversammlung kann der Vorsitzende abberufen werden. Der Vorsitzende kann auch auf sein Amt verzichten. Erforderlich ist in diesem Fall jedoch die Zustimmung der Eigentümerversammlung. In analoger Anwendung des Artikel 1732 des Código Civil verliert der Vorsitzende sein Amt auch durch seinen Tod, durch Konkurs oder Zahlungseinstellung. Die Handlungen des Vorsitzenden verpflichten die Gemeinschaft, ein Prinzip, das ausdrücklich noch einmal in einem höchstgerichtlichen Urteil** ausgesprochen wurde.

Die Staatsangehörigkeit des Vorsitzenden ist gleichgültig; er muß nicht spanischer Staatsangehöriger sein. Das Gesetz geht davon aus, daß der Vorsitzende seine Aufgaben unentgeltlich wahrnimmt. Gleichwohl kann ihm die Eigentümerversammlung durch Mehrheitsbeschluß eine Vergütung in Form einer Aufwandsentschädigung gewähren. Das ist allgemein anerkannt. Es bedarf jedoch eines gültigen Mehrheitsbeschlusses***. Findet sich unter den Eigentümern niemand, der die Ernennung annimmt, so kann gleichwohl durch Mehrheitsbeschluß ein Vorsitzender ernannt werden. Kommt ein der-

* Urteile vom 28.4.1966 und vom 23.4.1971.

** Revista de Derecho Privado 1973, Nr. 576/77.

*** Monet I, Anton, Fernando, Problemas de la técnica notarial ante la nueva LPH, a.a.O. 1962, S. 319.

artiger Mehrheitsbeschluß nicht zustande, so kann jeder Eigentümer den örtlich zuständigen Richter anrufen, damit ein Vorsitzender von diesem ernannt wird.

Obwohl das Gesetz nichts über die Stellung des stellvertretenden Vorsitzenden sagt, ist es üblich, daß ein solcher in den Eigentümerversammlungen ernannt wird für Fälle, in denen der Vorsitzende abwesend oder verhindert ist. Der Vorsitzende selbst hat nämlich nicht die Befugnis, für die Zeit seiner Abwesenheit oder Verhinderung einen Vertreter zu benennen. Es ist deshalb zweckmäßig, bereits in der Satzung einen oder mehrere stellvertretende Vorsitzende vorzusehen, die die gleichen Befugnisse wie der eigentliche Amtsinhaber haben.

c) Haftung des Vorsitzenden

Das spanische Wohnungseigentumsgesetz schweigt zur Frage der Haftung des Vorsitzenden. Die Gemeinschaft haftet grundsätzlich für Handlungen des Vorsitzenden. Überschreitet er hingegen seine ihm vom Gesetz, von der Satzung sowie von der Eigentümerversammlung gesetzten Grenzen, so hat er für diese selbst einzustehen. Gleichwohl trifft die Gemeinschaft für solche Handlungen ihres Vorsitzenden die Verantwortung, wenn sie sich im Rahmen seiner allgemeinen Amtsbefugnisse bewegen, mithin ein Dritter nicht erkennen kann, daß diese im Einzelfall nicht durch einen Mehrheitsbeschluß der Eigentümerversammlung gedeckt sind. Der Oberste Spanische Gerichtshof hat in seinem Urteil* entschieden, daß vom Vorsitzenden in Auftrag gegebene Arbeiten im Gebäude von dem Auftragnehmer weitergeführt werden dürfen, da dieser annehmen mußte, daß der Auftragserteilung ein gültiger Mehrheitsbeschluß der Eigentümerversammlung zugrunde gelegen hat.

Keine originäre Aufgabe des Präsidenten einer Eigentümergemeinschaft ist die Bewirtschaftung, mithin die wirtschaftliche Nutzung des Sondereigentums der einzelnen Appartementeigentümer und des gemeinschaftlichen Eigentums. Voraussetzung für die Bewirtschaftung ist die Erteilung einer entsprechenden Ermächtigung durch die einzelnen Eigentümer. Liegt eine derartige Ermächtigung nicht vor, so ist auch der Präsident einer Eigentümer-

* Urteil vom 19.6.1967

gemeinschaft im Rahmen der ihm vom Gesetz zuerkannten Aufgaben nicht verpflichtet, im Namen der Eigentümergemeinschaft Bewirtschaftungsverträge mit Dritten abzuschließen.

13. Aufgaben des Verwalters

In Artikel 18 sind die Aufgaben des Verwalters niedergelegt. Es handelt sich um solche der Geschäftsführung, der Buchführung und der allgemeinen Überwachung. Im Einzelfall geht es um folgendes:

1. Über das Wohl des Hauses zu wachen, desgleichen über seine Einrichtungen und Dienste und sich in diesem Zusammenhange an die Eigentümer mit zweckdienlichen Wahrnehmungen und Mahnungen zu richten;
2. der Eigentümerversammlung rechtzeitig eine Aufstellung über die voraussichtlichen Kosten und die erforderlichen Mittel zu unterbreiten, um Entsprechendes veranlassen zu können;
3. für die Erhaltung und Unterhaltung des Hauses zu sorgen, um die gewöhnlichen Reparaturen zu veranlassen, sowie im Falle von außerordentlichen sofortige Maßnahmen zu ergreifen, wobei unverzüglich der Versammlung und oder statt ihrer den Eigentümern Rechnung zu legen ist;
4. die Beschlüsse bezüglich der Arbeiten auszuführen, Zahlungen zu bewirken und Beiträge einzuziehen;
5. sich im Falle seiner Ernennung zum Sekretär als Schriftführer der Eigentümerversammlung zu betätigen, den Eigentümern bei der Aufbewahrung von Gemeinschaftsurkunden zur Verfügung zu stehen;
6. alle übrigen Tätigkeiten auszuführen, die ihm von der Eigentümerversammlung übertragen werden.

Was über die Ernennung und Abberufung des Vorsitzenden gesagt wurde, gilt auch hier. Der Verwalter kann zwar jederzeit abberufen werden; geschieht dies jedoch grundlos oder ohne Vorliegen wichtiger Gründe, so kann eine Schadensersatzpflicht dem Verwalter gegenüber entstehen, sofern mit diesem ein längeres Vertragsverhältnis vereinbart worden war.

Der Verwalter braucht nicht der Eigentümergemeinschaft anzugehören. Bei kleineren Eigentümergemeinschaften gibt es häufig keinen besonderen Verwalter, da dessen Aufgaben der Vorsitzende wahrnimmt. Ist der Verwalter verhindert oder abwesend, so wird er vom Vorsitzenden vertreten.

Aus den Bestimmungen des Auftragsrechts, insbesondere Artikel 1720 ff. Código Civil, ist zu folgern, daß der Verwalter erst dann sein Amt niederlegen darf, wenn er der Eigentümerversammlung einen Rechenschaftsbericht gegeben hat.

Der Verwalter haftet für Schäden aus seiner Tätigkeit nach den Auftragsgrundsätzen (Artikel 1709 bis 1939 des Código Civil). Beim Verwalter steht es fest, daß er für seine Tätigkeit eine Vergütung bekommt.

14. Was macht der Sekretär?

Das spanische Wohnungseigentumsgesetz spricht zwar in Artikel 12 Abs. 2 vom Sekretär, benennt indes nicht die einzelnen Aufgaben seiner Tätigkeit. Sie können wie folgt beschrieben werden:

- Protokollführung in der Eigentümerversammlung;
- Ausfertigungen der Akten oder Beschlüsse;
- Rechnungslegung gegenüber dem Präsidenten hinsichtlich der Einnahmen und Ausgaben der Eigentümergemeinschaft;
- Einberufung der Eigentümerversammlungen;
- Zustellung der Beschlüsse der Eigentümerversammlung gemäß Artikel 16;
- Führung der schriftlichen Unterlagen der Gemeinschaft;
- Aufgaben, die sich aus der Satzung oder aus Weisungen der Eigentümerversammlung ergeben.

Hinsichtlich der Ernennung und der Abberufung des Sekretärs darf auf das verwiesen werden, was beim Vorsitzenden und Verwalter gesagt wurde. Es gilt hier das gleiche.

Es darf in diesem Zusammenhang noch angemerkt werden, daß in Eigentümergemeinschaften der Sekretär häufig auch noch die Aufgaben des Schatzmeisters übernimmt, sofern sich dies nicht der Vorsitzende selbst vorbehält.

15. Wenn es ernst wird: Rechtsstreitigkeiten

Es soll hier von solchen Konflikten die Rede sein, die typisch für das Leben einer Wohnungseigentümergemeinschaft sind. Rechtsstreitigkeiten in Zusammenhang mit Wohnungseigentum können aus verschiedenen Anlässen und mit den verschiedensten Personen entstehen. Parteien des Rechtsstreits brauchen nicht nur zwei verfeindete Wohnungseigentümer zu sein; je nach Konstellation können es auch andere Nachbarn, Handwerker, der Verkäufer der Eigentumswohnung, die Gemeinschaft als solche - vertreten durch ihren Vorsitzenden - oder sonstige Dritte sein. Glücklicherweise folgt nicht jedem Streit ein Rechtsstreit. Gleichwohl soll auch hier von der Vorphase des Rechtsstreits die Rede sein, sofern sie von Bedeutung für den eigentlichen Rechtsstreit ist.

Beschlüsse der Eigentümerversammlung können sowohl dann Gegenstand von späteren Rechtsstreitigkeiten sein, wenn sie angenommen sind, als auch dann, wenn in ihnen ein bestimmter Antrag abgelehnt wird. Voraussetzung für die Anrufung der Gerichte ist jedoch, daß zuvor in den Gremien der Eigentümergemeinschaft nach den Satzungs- und Gesetzesbestimmungen alles versucht wird, einen friedlichen Ausgleich herbeizuführen. Die Eigentümerversammlung als oberstes Organ der Gemeinschaft ist hierfür zuständig. Häufig wurden in der Vergangenheit Anträge von Wohnungseigentümern oder Klagen mit der Begründung von den Gerichten zurückgewiesen, sie seien zuvor der Eigentümerversammlung nicht zur Entscheidung vorgelegt worden*.

Es gibt zahlreiche Möglichkeiten, die Gerichte anzurufen, wie die nachstehenden Fälle zeigen werden:

a) Fehlende Mehrheit

Findet ein Antrag in der Eigentümerversammlung nicht die erforderliche Mehrheit, - weil zwar Stimmen-, nicht aber auch die Quotenmehrheit erreicht wird oder umgekehrt - so kann nach Artikel 16 Ziffer 2 Absatz 3 der

* Entscheidung des Tribunal Supremo vom 7.10.1965
Revista de Derecho Privado 1966, Seite 277.

örtlich zuständige Richter innerhalb eines Zeitraumes von einem Monat ab Abhaltung der Eigentümerversammlung angerufen werden. Der Richter hat nach Anhörung der Gegenseite im Rahmen eines Verfahrens der freiwilligen Gerichtsbarkeit innerhalb von 20 Tagen eine Entscheidung zu fällen.

b) Minderheitsrechte

Fühlt sich eine Eigentümergruppe, die wenigstens 25 % der Anteile vertreten muß, durch einen Beschluß der Eigentümerversammlung in ihren Rechten beeinträchtigt, so kann sie innerhalb des zuvor näher bezeichneten Zeitraums den Richter anrufen, der gleichfalls innerhalb von 20 Tagen nach Anhörung der Gegenseite entscheiden muß.

c) Beschlüsse gegen Gesetz oder Satzung

Verletzen Beschlüsse der Eigentümerversammlung Gesetze oder Satzung, so können sowohl diejenigen, die hiergegen stimmten, als auch diejenigen, die an der Versammlung nicht teilnahmen, deren Beschlüsse anfechten.

d) Streitigkeiten wegen baulicher Veränderungen

Häufiger Streitpunkt in Eigentümergemeinschaften bilden bauliche Veränderungen, die ein Eigentümer in seiner Wohnung oder seinem Geschäftslokal durchführen will. Es geht hierbei oft um die Frage, ob die baulichen Veränderungen lediglich dem Vorsitzenden angezeigt werden müssen oder ob ein Mehrheitsbeschluß der Eigentümerversammlung einzuholen ist. Die Grenzziehung ist hier schwierig. Größere Veränderungen brauchen die gemeinschaftlichen Elemente nicht zu tangieren; andererseits kann das Gemeinschaftseigentum bereits bei Veränderungen oder Modifikationen geringen Ausmaßes berührt werden. Wenn die Eigentümerversammlung hinsichtlich baulicher Veränderungen Beschlüsse faßt, so können diese in der zuvor näher beschriebenen Weise nach Einlegung eines entsprechenden Widerspruchs beim Vorsitzenden gerichtlich angefochten werden. Voraussetzung ist natürlich, daß eine Rechtsbeeinträchtigung vorgetragen wird.

e) Unerlaubte Handlungen im Appartement und Zweckentfremdung

Artikel 7 Absatz 3 verbietet zahlreiche Tätigkeiten im Appartement oder im Geschäftslokal. Es geht hierbei um Selbstverständlichkeiten wie um Dinge, die in der Satzung enthalten sind. Wer als Eigentümer in seinem Appartement oder Geschäftslokal Tätigkeiten entfaltet, die vom Gesetz oder der Satzung als unerlaubt bezeichnet werden, wird zunächst vom Verwalter abgemahnt. Tritt sodann keine Änderung ein, so kann die Eigentümerversammlung den Vorsitzenden beauftragen, einen Antrag auf gerichtliche Besitzentziehung zu stellen. Diese Besitzentziehung darf nicht mehr als zwei Jahre dauern und bezieht sich lediglich auf die Besitzausübung durch den Eigentümer, nicht hingegen auf andere Eigentümerrechte. Dementsprechend kann der Eigentümer während des Zeitraums der Besitzentziehung sein Appartement oder Geschäftslokal vermieten, verkaufen oder in anderer Weise hierüber verfügen.

Entfaltet nicht der Wohnungseigentümer, sondern der Mieter unerlaubte Tätigkeiten im Sinne des Gesetzes oder der Satzung, so wird der Mieter vom Verwalter abgemahnt. Tritt keine Änderung der Verhältnisse ein, kann die Eigentümerversammlung vom Wohnungseigentümer verlangen, daß der Mietvertrag gemäß Artikel 114 Ziffer 8 der Ley de Arrendamientos Urbanos gelöst wird. Kommt der Wohnungseigentümer der Aufforderung nicht nach, so kann statt seiner der Vorsitzende der Eigentümerversammlung die gerichtliche Auflösung des Mietvertrages verlangen.

f) Streitigkeiten wegen Zahlung der Umlagen

Die Verpflichtung eines jeden Eigentümers zur Zahlung der anteiligen Umlagen ergibt sich aus Artikel 9 Ziff. 5. Kommt der einzelne Eigentümer seiner Zahlungsverpflichtung innerhalb des im Gesetz genannten Zeitraums von 15 Tagen oder eines anderen, sich aus der Satzung ergebenden Zeitraums nicht nach, so kann er nach entsprechender Zahlungsaufforderung durch den Vorsitzenden gerichtlich in Anspruch genommen werden. Die Satzung kann bestimmen, daß bei Zahlungsverzug automatisch ein Versäumniszuschlag zu zahlen ist. Wird das Appartement verkauft, ohne daß die fälligen Umlagen bezahlt sind, so haftet das Appartement neben dem früheren Eigentümer für die Schulden des vergangenen und die fälligen des laufenden Jahres.

Gläubiger des Anspruchs auf Zahlung der fälligen Umlagen ist die Eigentümergemeinschaft. Die Geltendmachung des Anspruchs erfolgt durch den Präsidenten, der die Eigentümergemeinschaft gerichtlich und außergerichtlich vertritt. Die Zahlungsansprüche der Gemeinschaft können überall dort geltend gemacht werden, wo er einzelne Wohnungs- oder Geschäftsraumeigentümer einen Gerichtsstand hat. Das bedeutet, daß wegen der Umlagen des spanischen Appartements eine Klage nicht nur vor spanischen Gerichten, sondern auch etwa vor deutschen Gerichten zulässig ist, wenn etwa der Appartementbesitzer in der Bundesrepublik allgemein ansässig ist.

g) Streitigkeiten wegen Vernachlässigung des Eigentums

Die Verpflichtung eines jeden Eigentümers, sowohl sein Appartement als auch das Gemeinschaftseigentum in einem guten Gebrauchszustande zu erhalten, ergibt sich aus Artikel 9 Ziffer 2. Erleidet die Gemeinschaft oder ein anderer Eigentümer wegen Vernachlässigung dieser Pflicht Schaden, so kann die Eigentümerversammlung nach einer Aufforderung an den betreffenden Eigentümer erforderlichenfalls durch ihren Vorsitzenden gerichtliche Hilfe in Anspruch nehmen.

In allen Fällen, in denen die Eigentümergemeinschaft Partei ist, mithin in allen Fällen, in denen es um gemeinschaftliches Eigentum oder gemeinschaftliche Interessen geht, wird sie gerichtlich durch ihren Vorsitzenden vertreten. Weigert sich indessen ein Vorsitzender, gemäß den Beschlüssen der Eigentümerversammlung gerichtlich vorzugehen, so kann dies erforderlichenfalls auch von einem oder mehreren Wohnungs- oder Geschäftsraumeigentümern geschehen.

16. Gesetze, die man auch noch kennen sollte

Die vorliegende Abhandlung würde ihren Zweck, den ausländischen Anleger über die gesetzlichen Vorschriften im Zusammenhang mit seinem Wohnungseigentum in Spanien zu informieren, nicht erfüllen, wenn sie sich allein auf die Darstellung und Kommentierung des spanischen Wohnungseigentumsgesetzes beschränkte. Während weiter oben allgemeine Gesetze zur Erläuterung beispielsweise des Eigentumsüberganges nach spanischem Recht herangezogen wurden, soll hier nun die Rede von solchen Gesetzen und Dekreten sein, die mehr spezieller Natur sind und sich mit Lebenssachverhalten befassen, die alle auch in irgendeinem Zusammenhang mit dem Wohnungseigentum stehen.

a) Gesetz über städtische Mietverträge

Das Gesetz Ley de Arrendamientos Urbanos datiert aus dem Jahre 1964. Es befaßt sich mit Mietverträgen und regelt die Rechte der Mieter und der Vermieter. Mietverträge, die nur kurzfristig - etwa für den Urlaub - abgeschlossen werden, werden in den Dekreten vom 17.1.1967 und vom 12.2.1972 behandelt. Wie bereits oben ausgeführt wurde, hat der Mieter einer Wohnung, dessen Vertrag das Gesetz über städtische Mietverträge zugrunde liegt, ein Vorkaufs- oder Rückkaufsrecht. Das Gesetz regelt auch die Dauer der Mietverträge und die Mieterhöhungen, die nicht beliebig vorgenommen werden können. Mieterhöhungen sind vielmehr nur nach Maßgabe der jeweiligen gesetzlichen Bestimmungen zulässig. Es handelt sich hierbei um unabdingbare Rechte. Im Prinzip ist der Mietvertrag nur aus wenigen Gründen kündbar, so insbesondere dann, wenn Zahlungsverzug oder Eigenbedarf vorliegt. Auch zeitlich befristete Mietverträge werden aufgrund des Gesetzes zu unbefristeten, da der Mieter vom Vermieter eine automatische Vertragsverlängerung verlangen kann. Zum Schutz des Vermieters vor ausbleibenden Zahlungen muß der Mieter von möblierten Wohnungen zwei Monatsmieten und von leerstehenden Wohnungen eine Monatsmiete als Kaution hinterlegen. Allerdings ist diese Kaution nicht an den Vermieter zu zahlen, sondern der amtlichen Kammer für städtischen Grundbesitz (Cámara Oficial de Propiedad Urbana), bei der auch der Mietvertrag zu hinterlegen ist.

b) Vermietung von Ferien-Appartements

Wer seinen Bungalow oder seine Ferienwohnung nur über kürzere Zeiträume vermietet, sollte - um Verwaltungsstrafen zu entgehen - die zuvor aufgeführten Dekrete vom 17.1.1967 und vom 12.2.1972 beachten. Artikel 36 der Verordnung vom 17.1.1967 über die Regelung von Appartements, Bungalows und ähnlichen touristischen Unterkünften schreibt die Führung eines „libro-registro" vor, das Name, Staatsangehörigkeit, Alter sowie die Daten der An- und Abreise von jedem Gast enthalten muß und der Prüfung der Provinzdelegation unterliegt. Diese Regelung wurde durch Dekret 393/1974 vom 7.2.1974* auf die Vermietung der in der vorgenannten Verordnung erwähnten Unterkünfte ausgedehnt.

c) Beschränkungen auf Grund Verordnungen der Generaldirektion für ausländische Transaktionen

Ein einzelner Eigentümer darf nicht mehr als 3 Wohnungen in einem Gebäude ohne besondere Erlaubnis der genannten Generaldirektion haben.

Erlaubnisfrei ist auch der Erwerb bis zu 3 Geschäftslokalen, sofern die Gesamtflächen nicht mehr als 200 m^2 betragen und der Erwerber diese nicht für eine eigene unternehmerische Tätigkeit benutzt.

Erlaubnispflichtig ist der Erwerb von Grund und Boden zwecks Gründung einer Eigentümergemeinschaft mit der Zielsetzung der Richtung von Wohngebäuden, sofern der Beteiligungsanteil von nicht in Spanien ansässigen Ausländern an Grund und Boden oder am Gebäude die 50 % Quote überschreitet.

d) Militärische Erwerbsbeschränkungen

Vgl. hierzu die Ausführungen oben S. 13 ff.

e) Gesetz über Außenantennen

Seit der Gesetze vom 18.10.1957 und vom 23.7.1966 sind die Antennenwälder auf spanischen Häusern kleiner geworden. Häuser, die nach dem 25.12.1966 fertiggestellt worden sind und mehr als 10 Wohnungen oder

* Boletín Oficial del Estado vom 19.2.1974.

vier Stockwerke haben, müssen eine Gemeinschaftsantenne haben. Die Kosten sind anteilmäßig umzulegen. Bei früher fertiggestellten Wohnungen sind Gemeinschaftsantennen nur unter besonderen Voraussetzungen obligatorisch.

Das Dekret 1306/74 ist maßgeblich für die Installierung von Fernsehantennen.

f) Verordnung über Hausmeisterverträge

Aufgrund der Verfügung vom 13. März 1974 wurde die „Ordenanza Nacional de trabajo para empleados de fincas urbanas" gebilligt. Inhalt dieser Verordnung über die Beschäftigungsverhältnisse von Urbanisationsangestellten (Hausmeistern etc.) ist folgender: Vertragsverhältnisse, Aufgabenbereich, Arbeitszeit, Urlaub und Erholung, Entlohnung, soziale Sicherheit, Erlöschen des Arbeitsvertrages. In gleicher Weise gilt es auch, den Beschluß der Generaldirektion für Vorsorge (Dirección General de Previsión) vom 28. Januar 1967 über die Sozialversicherung von Urbanisationsangestellten zu beachten.

Das spanische Gesetz Nr. 16/1976 vom 8. April 1976 über Arbeitsbeziehungen wurde durch Verfügung vom 26. November 1976 inhaltlich in obige „ordenanza" vom 13. März 1974 hinsichtlich seiner wichtigsten Bestimmungen einbezogen.

Der Vertrag ist in dreifacher Ausfertigung abzuschließen, wobei ein Exemplar für das „Sindicato" bestimmt ist. In der Regel erfolgt die Vergütung der Hausmeister in der Weise, daß eine kostenlose Wohnung gestellt wird, in der auch Wasser-, Strom- und Gasverbrauch für den Angestellten umsonst ist und zu Lasten der Eigentümergemeinschaft geht. Der Anteil der Vergütung, der in Naturalien gewährt wird, soll 30% des Gesamtgehalts nicht überschreiten.

g) Briefkästen

Bei mehr als drei Wohnungen müssen an der Eingangstür des Gebäudes Briefkästen angebracht werden. Geschieht dies nicht, so wird die Wohnbarkeitsbescheinigung nicht erteilt (vgl. Dekret Nr. 97/1962 vom 18.1.1962).

h) Wohnbarkeitsbescheinigung

Die Einzelheiten regelt das Dekret Nr. 469/72 vom 24.2.1972. Eine besondere Verfügung in bezug auf Appartements enthält der „Orden de 5.7.1967" über Wohnbarkeitsbedingungen bei Appartements.

B.

Das Spanische Wohnungseigentumsgesetz
vom 21. 7. 1960

Ley de 21 de julio de 1960 sobre propiedad horizontal

Deutsch-Spanische Textausgabe
des Spanischen Wohnungseigentumsgesetzes
vom 21. Juli 1960

von

Rechtsanwalt Dr. Burckhardt Löber, Frankfurt, und
Prof. Dr. Antonio Pérez Martín, Univers. Madrid

Capítulo primero

Disposiciones generales

Artículo 1

El artículo trescientos noventa y seis del Código civil quedará redactado como sigue:

> «Los diferentes pisos o locales de un edificio o las partes de ellos susceptibles de aprovechamiento independiente por tener salida propia a un elemento común de aquél o a la vía pública podrán ser objeto de propiedad separada, que llevará inherente un derecho de copropiedad sobre los demás elementos del edificio necesarios para su adecuado uso y disfrute, tales como el suelo, vuelo, cimentaciones, pasos, muros, fosos, patios, pozos, escaleras, porterías, ascensores, corredores, cubiertas, canalizaciones y servidumbres.
> Las partes en copropiedad no son en ningún caso susceptibles de división y sólo podrán ser enajenadas, gravadas o embargadas juntamente con la parte determinada privativa de la que son anejo inseparable.
> En caso de enajenación de un piso o local, los dueños de los demás, por este solo título, no tendrán derecho de tanteo ni de retracto.
> Esta forma de propiedad se rige por las disposiciones legales especiales y, en lo que las mismas permitan, por la voluntad de los interesados.»

Al artículo cuatrocientos uno del mismo Cuerpo legal se le adicionará el párrafo siguiente:

> «Si se tratare de un edificio cuyas características lo permitan, a solicitud de cualesquiera de los comuneros, la división podrá realizarse mediante la adjudicación de pisos o locales independientes, con sus elementos comunes anejos, en la forma prevista por el artículo trescientos noventa y seis.»

Kapitel I

Allgemeine Bestimmungen

Artikel 1

Artikel 396 des Código Civil erhält nachstehende Fassung:

„Gegenstand von Sondereigentum können verschiedene Wohnungen oder Geschäftsräume eines Gebäudes oder deren Teile sein, wenn sie aufgrund eines eigenen Eingangs, der zur Gemeinschaftsanlage oder zu einem öffentlichen Weg führt, besonderer Nutzung fähig sind; dem Sondereigentum wohnt ein Recht am Gemeinschaftseigentum inne, das sich auf den bestimmungsgemäßen Gebrauch und Nutzung der übrigen notwendigen Bestandteile des Gebäudes bezieht wie auf Grund und Boden, Aufbauten, Fundamente, Gänge, Mauern, Gräben, Schächte, Höfe, Brunnen, Treppen, Pförtnerloge, Fahrstühle, Flure, Dächer, Kanalisation und Dienstbarkeiten.

Die einzelnen Teile des Gemeinschaftseigentums dürfen in keinem Falle geteilt werden; sie dürfen nur zusammen mit dem einzelnen Eigentum, zu dem sie gehören, veräußert, belastet oder gepfändet werden.

Im Falle der Veräußerung einer Eigentumswohnung oder eines Geschäftslokals haben die übrigen Eigentümer allein aufgrund ihres Eigentumsrechts weder Vorkaufs- noch Rückkaufsrechte.

Diese Eigentumsform regelt sich nach den gesetzlichen Sonderbestimmungen und, soweit diese es zulassen, nach dem Willen der Beteiligten."

Artikel 401 des gleichen Gesetzes wird der folgende Absatz hinzugefügt:

„Ein Gebäude, das einer Teilung in getrennte Eigentumswohnungen oder Geschäftslokale fähig ist, kann aufgrund des Antrags eines Miteigentümers durch Zuerkennung in Gemeinschaftseigentum und gesonderte Wohnungen und Geschäftslokale in der im Artikel 396 vorgesehenen Art und Weise geteilt werden."

Artículo 2

Se modifica el número tercero del artículo octavo, al que se añaden dos números más, el cuarto y quinto y el número undécimo del artículo ciento siete, ambos de la Ley Hipotecaria, que quedan redactados al tenor siguiente:

Artículo octavo. (Se inscribirán como una sola finca bajo un mismo número:)

Tercero. Las fincas urbanas y edificios en general, aunque pertenezcan a diferentes dueños en dominio pleno o menos pleno.

Cuarto. Los edificios en régimen de propiedad por pisos cuya construcción esté concluida, o, por lo menos, comenzada.
En la inscripción se describirán, con las circunstancias prescritas por la Ley, además del inmueble en su conjunto, sus distintos pisos o locales susceptibles de aprovechamiento independiente asignando a éstos un número correlativo, escrito en letra, y la cuota de participación que a cada uno corresponde en relación con el inmueble. En la inscripción del solar o del edificio en conjunto se harán constar los pisos meramente proyectados.
Se incluirán además aquellas reglas contenidas en el título y en los estatutos que configuren el contenido y ejercicio de esta propiedad.
La inscripción se practicará a favor del dueño del inmueble constituyente del régimen o de los titulares de todos y cada uno de sus pisos o locales.

Quinto. Los pisos o locales de un edificio en régimen de propiedad horizontal, siempre que conste previamente en la inscripción del inmueble la constitución de dicho régimen.»

Artikel 2

Geändert werden die Bestimmungen des Artikel 8 Ziffer 3 des Hypothekengesetzes, dem die Ziffern 4 und 5 hinzugefügt werden, und die des Artikel 107 Ziffer 11 des gleichen Gesetzes, die folgende Fassung erhalten:

Artikel 8: (Wie ein Grundstück werden unter derselben Nummer eingetragen:)

„3. Städtische Grundstücke und Gebäude im allgemeinen, auch wenn sie verschiedenen Eigentümern zu Volleigentum oder sonst zu Eigentum gehören.

4. Gebäude, die dem Wohnungseigentum unterliegen, sofern sie fertiggestellt oder zumindest begonnen worden sind.
Eingetragen werden aufgrund der gesetzlichen Vorschriften das Grundstück in seiner Gesamtheit, die verschiedenen Eigentumswohnungen oder Geschäftslokale, die selbständiger Nutzung fähig sind, indem jede Wohnung und jedes Geschäftslokal eine in Buchstaben geschriebene, fortlaufende Nummer erhält und quotenmäßig nach dem Verhältnis des Anteils zur Gesamtanlage erfaßt wird. Bei der Eintragung des Grundstücks oder Gebäudes sollen die projektierten Wohnungen feststehen.
Im übrigen werden jene Bestimmungen, die Inhalt und Ausübung des Wohnungseigentums regeln und die in der Errichtungsurkunde und in der Satzung enthalten sind, mit einbezogen.
Die Eintragung erfolgt zugunsten des Eigentümers des Grundstücks, der das Wohnungseigentum bildet oder zugunsten der einzelnen Eigentümer hinsichtlich ihrer Eigentumswohnungen oder Geschäftslokale.

5. Die Wohnungen oder Geschäftslokale eines Gebäudes unter der Regelung des Wohnungseigentumsgesetzes, sofern zuvor bei der Eintragung des Gebäudes feststeht, daß Wohnungseigentum nach diesem Gesetz gebildet worden ist."

Artículo ciento siete. (Podrán también hipotecarse:)

«Undécimo. Los pisos o locales de un edificio en régimen de propiedad horizontal inscritos conforme a lo que determina el artículo octavo.»

Capitulo II

Del régimen de la propiedad por pisos

Artículo 3

En el régimen de propiedad establecido en el artículo trescientos noventa y seis del Código civil correspondiente al dueño de cada piso o local:

a) El derecho singular y exclusivo de propiedad sobre un espacio suficientemente delimitado y susceptible de aprovechamiento independiente, con los elementos arquitectónicos e instalaciones de todas clases, aparentes o no, que estén comprendidos dentro de sus límites y sirvan exclusivamente al propietario, así como el de los anejos que expresamente hayan sido señalados en el título, aunque se hallen situados fuera del espacio delimitado.

b) La copropiedad, con los demás dueños de pisos o locales, de los restantes elementos, pertenencias y servicios comunes.

A cada piso o local se atribuirá una cuota de participación con relación al total del valor del inmueble y referida a centésimas del mismo. Dicha cuota servirá de módulo para determinar la participación en las cargas y beneficios para razón de la comunidad. Las mejoras o menoscabos de cada piso o local no alterarán la cuota atribuida, que sólo podrá variarse por acuerdo unánime.

Artikel 107: (Mit Hypotheken können belastet werden:)

„11. Eigentumswohnungen oder Geschäftslokale eines Gebäudes, sofern diese nach dem Wohnungseigentumsgesetz gebildet und gemäß Artikel 8 dieses Gesetzes eingetragen sind."

Kapitel II

Über das System des Wohnungseigentums

Artikel 3

Auf Grund der Regelung des Wohnungseigentums im Artikel 396 des Código civil besitzt jeder Eigentümer einer Wohnung oder eines Geschäftslokales:

a) das besondere und ausschließliche Eigentum hinsichtlich eines hinreichend abgegrenzten Raumes, der selbständiger Nutzung fähig ist, verbunden mit den architektonischen Bestandteilen und Einrichtungen aller Arten, seien sie sichtbar oder unsichtbar, die sich innerhalb der Begrenzungen befinden und ausschließlich dem Eigentümer dienen; in gleicher Weise werden sonstige Teile von Sondereigentum behandelt, die im Eigentumstitel ausdrücklich aufgeführt sind, auch wenn sie sich außerhalb des abgegrenzten Raumes befinden.

b) Das Miteigentum zusammen mit den übrigen Eigentümern der Wohnungen oder Geschäftsräume hinsichtlich der sonstigen Gemeinschaftsteile, des gemeinschaftlichen Zubehörs und der Gemeinschaftseinrichtungen.

Nach dem Verhältnis des Anteils zum Wert der Gesamtanlage wird für jede Wohnung und für jedes Geschäftslokal eine Quote errechnet, die in Hunderstel auszudrücken ist. Diese Quote dient als Schlüssel, um Nutzen und Lasten in bezug zur Allgemeinheit aufzuteilen. Durch Wertverbesserungen oder Wertminderungen einer Wohnung oder eines Geschäftslokales wird die errechnete Quote nicht verändert; dies kann nur durch einstimmigen Beschluß geschehen.

Cada propietario puede libremente disponer de su derecho, sin poder separar los elementos que lo integren y sin que la transmisión del disfrute afecte a las obligaciones derivadas de este régimen de propiedad.

Artículo 4

La acción de división no procederá para hacer cesar la situación que regula esta Ley. Sólo podrá ejercitarse por cada propietario proindiviso sobre un piso o local determinado, circunscrita al mismo, y siempre que la proindivisión no haya sido establecida de intento para el servicio o utilidad común de todos los propietarios.

Artículo 5

El título constitutivo de la propiedad por pisos o locales describirá, además del inmueble en su conjunto, cada uno de aquéllos, al que se asignará número correlativo. La descripción del inmueble habrá de expresar las circunstancias exigidas en la legislación hipotecaria y los servicios e instalaciones con que cuente el mismo. La de cada piso o local expresará su extensión, linderos, planta en la que se hallare y los anejos, tales como garaje, buhardilla o sótano.
En el mismo título se fijará la cuota de participación que corresponda a cada piso o local, determinada por el propietario único del edificio al iniciar su venta por pisos, por acuerdo de todos los propietarios existentes, por laudo o por resolución judicial. Para la fijación se tomará como base la superficie útil de cada piso o local en relación con el total del inmueble, su emplazamiento interior o exterior, su situación y el uso que se presuma racionalmente que va a efectuarse de los servicios o elementos comunes.

Jeder Eigentümer kann über sein Eigentum frei verfügen, jedoch mit der Maßgabe, daß alle mit dem Stockwerkseigentum verbundenen Elemente mit auf den Erwerber übergehen, ohne daß jedoch eine Gebrauchsüberlassung die aus dem Gemeinschaftseigentum resultierenden Verpflichtungen berührt.

Artikel 4

Die Teilungsklage darf nicht zur Beendigung des rechtlichen Zustandes erhoben werden, den dieses Gesetz regelt. Sie kann nur von einem Eigentümer hinsichtlich einer bestimmten Wohnung oder eines bestimmten Geschäftsraumes in ungeteiltem Zustand und nur bezogen auf diesen Gegenstand erhoben werden, es sei denn, daß die Regelung der Ungeteiltheit zu Diensten und zum gemeinsamen Nutzen aller Eigentümer absichtlich bestimmt worden ist.

Artikel 5

In dem Eigentumserrichtungstitel wird neben dem Grundstück in seiner Gesamtheit jede einzelne Eigentumswohnung oder jedes einzelne Geschäftslokal unter einer fortlaufenden Nummer aufgeführt. In der Beschreibung des Grundstücks müssen die Merkmale zum Ausdruck gebracht werden, die die Hypothekengesetze verlangen; in gleicher Weise auch die Dienste und Einrichtungen des Gebäudes. Die Beschreibung jeder Wohnung und jedes Geschäftslokals muß die Größe, die Abgrenzungen, die Angabe des Stockwerks und die dazu gehörenden Räumlichkeiten wie Garage, Bodenteil und Keller umfassen.
Im gleichen Titel ist die anteilige Quote zu bestimmen, die sich auf jede Wohnung oder auf jedes Geschäftslokal bezieht und die entweder vom ursprünglichen Eigentümer bei Verkaufsbeginn, durch Beschluß aller bereits feststehenden Eigentümer, durch Schiedsspruch oder durch gerichtliche Entscheidung festgesetzt worden ist. Als Grundlage der Festsetzung dient die Nutzfläche jeder Wohnung oder jedes Geschäftslokals im Verhältnis zur Gesamtanlage, der nach innen oder nach außen gerichtete Standort, die Lage und die voraussichtliche und vernünftigerweise zu erwartende Inanspruchnahme der Dienste und Gemeinschaftseinrichtungen.

El título podrá contener, además, reglas de constitución y ejercicio del derecho y disposiciones no prohibidas por la Ley en orden al uso o destino del edificio, sus diferentes pisos o locales, instalaciones y servicios, gastos, administración y gobierno, seguros, conservación y reparaciones, formando un estatuto privativo que no perjudicará a terceros si no ha sido inscrito en el Registro de la Propiedad.
En cualquier modificación del título, y a salvo lo que se dispone sobre validez de acuerdos, se observarán los mismos requisitos que para la constitución.

Artículo 6

Para regular los detalles de la convivencia y la adecuada utilización de los servicios y cosas comunes, y dentro de los límites establecidos por la Ley y los estatutos, el conjunto de propietarios podrá fijar normas de régimen interior que obligarán también a todo titular mientras no sean modificadas en la forma prevista para tomar acuerdos sobre la administración.

Artículo 7

El propietario de cada piso podrá modificar los elementos arquitectónicos, instalaciones o servicios de aquél, cuando no menoscabe o altere la seguridad del edificio, su estructura general, su configuración o estado exteriores, o perjudique los derechos, de otro propietario, debiendo dar cuenta de tales obras previamente a quien represente a la comunidad.
En el resto del inmueble no podrá realizar alteración alguna, y si advirtiere la necesidad de reparaciones urgentes deberá comunicarlo sin dilación al administrador.
Al propietario y al ocupante del piso les está prohibido desarrollar en él o en el resto del inmueble actividades no permitidas en los estatutos, dañosas para la finca, inmorales, peligrosas, incómodas o insalubres.

Im übrigen kann der Titel in Form der Satzung Regelungen über die Begründung und die Ausübung des Rechts enthalten sowie Bestimmungen über den Gebrauch und die Zweckbestimmung des Gebäudes, seine verschiedenen Wohnungen und Geschäftslokale, seine Einrichtungen und Dienste, Unkosten, Verwaltung und Leitung, Versicherungen, und über seine Erhaltung und Reparaturen; die Satzung hat Dritten gegenüber nur Rechtswirkung, wenn sie im Grundbuch eingetragen ist. Bei jeder Änderung des Titels und unbeschadet dessen, was für die Gültigkeit von Beschlüssen vorgeschrieben ist, sind die gleichen Voraussetzungen zu beachten wie bei der Begründung.

Artikel 6

Um die Einzelheiten des Zusammenlebens und den zweckmäßigen Gebrauch der Gemeinschaftseinrichtungen im Rahmen des Gesetzes und der Satzung zu regeln, kann sich die Gesamtheit der Eigentümer eine innere Ordnung geben, die solange jeden Eigentümer bindet, bis sie in der für Verwaltungsbeschlüsse vorgesehenen Form geändert wird.

Artikel 7

Der Eigentümer jeder Wohnung darf deren architektonische Bestandteile, Einrichtungen oder Anlagen verändern, sofern damit weder eine Wertminderung noch eine Veränderung der Sicherheit des Gebäudes, des allgemeinen Gefüges, seiner Gestaltung oder seines äußeren Zustandes verbunden ist, noch die Rechte anderer Eigentümer beeinträchtigt werden; er muß aber zuvor demjenigen, der die Gemeinschaft vertritt, Kenntnis hiervon geben.

Im übrigen Teil der Anlage darf keine Veränderung vorgenommen werden; wenn es sich um dringende Reparaturen handelt, ist unverzüglich der Verwalter zu verständigen.

Der Eigentümer oder Besitzer einer Wohnung darf weder in ihr noch in der Gesamtanlage solche Tätigkeiten entfalten, die die Satzung verbietet, die schädlich für das Grundstück, unmoralisch, gefährlich, ärgerlich oder gesundheitsschädlich sind.

Artículo 8

Los pisos o locales y sus anejos podrán ser objeto de división material, para formar otros más reducidos e independientes, y aumentados por agregación de otros colindantes del mismo edificio, o disminuidos por segregación de alguna parte.
En tales casos se requerirá, además del consentimiento de los titulares afectados, la aprobación de la Junta de propietarios, a la que incumbe la fijación de las nuevas cuotas de participación para los pisos reformados con sujeción a lo dispuesto en el artículo 5.°, sin alteración de las cuotas de los restantes.

Artículo 9

Serán obligaciones de cada propietario:
Primera. Respetar las instalaciones generales o en provecho de otro propietario incluidas en su piso.

Segunda. Mantener en buen estado de conservación su propio piso e instalaciones privativas, en términos que no perjudiquen a la comunidad o a los otros propietarios, resarciendo los daños que ocasione por su descuido o el de las personas por quienes deba responder.

Tercera. Consentir en su piso las reparaciones que exija el servicio del inmueble, y permitir en él las servidumbres imprescindibles requeridas por la creación de servicios comunes de interés general, acordadas por las cuatro quintas partes de los propietarios en las condiciones previstas en el artículo siguiente, teniendo derecho a que la comunidad le resarza de los daños y perjuicios.

Cuarto. Permitir la entrada en su piso a los efectos prevenidos en los tres apartados anteriores.

Quinta. Contribuir, con arreglo a la cuota de participación fijada en el título o a lo especialmente establecido, a los gastos

Artikel 8

Die Eigentumswohnungen oder Geschäftslokale sowie die dazu gehörenden Räumlichkeiten können verändert werden, um neue kleinere und unabhängige oder durch Verbindung mit anderen neue größere Einheiten im selben Gebäude zu bilden.
In diesen Fällen ist nicht nur die Zustimmung der jeweiligen Eigentümer, sondern auch die Genehmigung der Eigentümerversammlung einzuholen, der die Festsetzung der neuen anteiligen Quoten für die neu gebildeten Wohnungen gemäß Artikel 5 obliegt, ohne daß jedoch eine Veränderung der Quoten der übrigen Eigentümer eintritt.

Artikel 9

Pflichten eines jeden Eigentümers sind:

1. Rücksicht zu nehmen auf die allgemeinen Einrichtungen oder auf solche, die sich zugunsten anderer in der Eigentumswohnung befinden;
2. die Eigentumswohnung und die eigenen Einrichtungen in solch gutem Zustande zu erhalten, daß weder die Gemeinschaft noch andere Eigentümer geschädigt werden; auch ist der Schaden zu ersetzen, der durch eigene Fahrlässigkeit oder durch Fahrlässigkeit von Personen, für die einzustehen ist, entstanden ist;
3. Reparaturen in seiner Wohnung, die für die Gesamtanlage erforderlich sind, zuzustimmen und zu gestatten, daß in der eigenen Wohnung unvermeidliche Dienste für die Errichtung von Gemeinschaftsanlagen von allgemeinem Interesse ausgeführt werden, sofern dies vier Fünftel der Eigentümer gemäß den Voraussetzungen des nachfolgenden Artikels beschlossen haben; der Betroffene hat jedoch einen Ersatzanspruch hinsichtlich der erlittenen Schäden gegen die Gemeinschaft;
4. den Eintritt in seine Wohnung beziehungsweise Geschäftslokal zu den Zwecken zu gestatten, die in den drei vorstehenden Ziffern aufgeführt sind;
5. sich gemäß der im Titel oder sonstwie festgesetzten Quoten an den allgemeinen Unkosten zu beteiligen, die für die ange-

generales para el adecuado sostenimiento del inmueble, sus servicios, tributos, cargas y responsabilidades que no sean susceptibles de individualización.

Al pago de estos gastos producidos en el último año y la parte vencida de la anualidad corriente estará efecto el piso o local, cualquiera que fuere su propietario actual y el título de su adqusición, siendo este crédito a favor de la comunidad de propietarios preferente a cualquier otro, y sin perjuico de las responsabilidades personales procedentes.

Sexta. Observar la diligencia debida en el uso del inmueble y en sus relaciones con los demás titulares, y responder ante éstos de las infracciones cometidas por el que ocupe su piso, sin perjuicio de las acciones directas que procedan.

Para la aplicación de las reglas precedentes se reputarán generales los gastos que no sean imputables a uno o varios pisos, sin que la no utilización de un servicio exima del cumplimiento de las obligaciones correspondientes.

Artículo 10

Ningún propietario puede exigir nuevas instalaciones, servicios o mejoras no requeridas por la adecuada conservación y habitabilidad del inmueble, según su rango.

Cuando se adopten válidamente acuerdos para realizar innovaciones no exigibles a tenor del párrafo anterior y cuya cuota de instalación exceda del importe de una mensualidad ordinaria de gastos comunes, el disidente no resultará obligado, ni se modificará su cuota, incluso en el caso de que no pueda privársele de la mejora o ventaja.

Si el disidente desea, en cualquier tiempo, participar de las ventajas de la innovación, habrá de abonar su cuota en los gastos de realización y mantenimiento.

messene Unterhaltung des Gebäudes, seiner Dienste, Steuern, Lasten und Pflichten, die nicht auf die einzelnen abgewälzt werden können, entstehen.

Hinsichtlich der Kosten des letzten und der fälligen dieses Jahres besteht ein allen anderen Rechten vorgehender Anspruch der Gemeinschaft gegenüber jeder Wohnung und jedem Geschäftslokal und zwar unabhängig davon, wer gegenwärtiger Eigentümer ist und auf welche Weise das Eigentum erlangt wurde; die persönliche Haftung des Schuldners wird jedoch hiervon nicht berührt;

6. beim Umgang mit der Gemeinschaftsanlage und den übrigen Eigentümern die notwendige Sorgfalt und Achtung walten zu lassen und diesen gegenüber für etwaige Verletzungen seitens desjenigen einzustehen, der die Wohnung innehat, jedoch unbeschadet des Rechts, direkt gegen diesen vorzugehen.

   Bei Anwendung der genannten Bestimmungen ist davon auszugehen, daß allgemeine Kosten solche sind, die nicht einer oder verschiedenen Wohnungen zurechenbar sind; die tatsächliche Nichtinanspruchnahme von Diensten befreit nicht von der Zahlung der entsprechenden Kosten.

Artikel 10

Kein Eigentümer kann neue Einrichtungen, Dienste oder Verbesserungen verlangen, die nicht zu angemessener Erhaltung und Bewohnbarkeit der Anlage entsprechend ihrem bisherigen Charakter erforderlich sind.

Wenn gleichwohl gültige Beschlüsse gefaßt werden, um Neuerungen zu verwirklichen, die aufgrund der vorigen Bestimmung nicht verlangt werden können, die aber kostenmäßig den gewöhnlichen Unkostenbetrag eines Monats übersteigen, so wird weder eine Zahlungsverpflichtung desjenigen begründet, der hiergegen gestimmt hat, noch ändert sich sein Anteil und zwar auch dann nicht, wenn es praktisch unmöglich ist, ihn von der Teilhabe an der Verbesserung auszuschließen.

Wenn derjenige, der gegen die Beschlüsse gestimmt hat, irgendwann an den Vorteilen der Neuerung teilhaben will, so kann er dies durch Zah-

En todo caso, las innovaciones que hagan inservible alguna parte del edificio para el uso y disfrute de un propietario, requerirán el consentimiento expreso de éste.

Artículo 11

La construcción de nuevas plantas y cualquier otra alteración en la estructura o fábrica del edificio o en las cosas comunes afectan al título constitutivo y deben someterse al régimen establecido para las modificaciones del mismo. El acuerdo que se adopte fijará la naturaleza de la modificación, las alteraciones que origine en la descripción de la finca y de los pisos o locales, la variación de cuotas y el titular o titulares de los nuevos locales o pisos.

Artículo 12

Los propietarios elegirán de entre ellos un Presidente, que representará en juicio y fuera de él a la comunidad en los asuntos que le afecten.
El presidente actuará al propio tiempo como secretario y administrador si los estatutos no determinan o los propietarios no acuerdan elegir a otras personas para desempeñar dichos cargos que, a su vez, podrán recaer en una misma persona.
El administrador o secretario-administrador podrá no pertenecer a la comunidad de propietarios.
Salvo que en los estatutos se disponga otra cosa, estos nombramientos se harán por un año, prorrogable tácitamente por períodos iguales.
Los nombrados podrán, en todo caso, ser removidos en junta extraordinaria de propietarios convocada al efecto.
No obstante, cuando el número de los propietarios de pisos o locales en un edificio no exceda de cuatro, podrán acogerse, si expresamente así lo convienen en los estatutos, al régimen de administración del artículo 398 del Código civil.

lung des auf ihn für die Errichtung und den Unterhalt entsprechenden Kostenanteils bewirken.
In jedem Falle ist dann die ausdrückliche Zustimmung eines Eigentümers einzuholen, wenn ihm durch die Verbesserung der Gebrauch und die Nutzung eines Teiles des Gebäudes unmöglich gemacht werden.

Artikel 11

Die Errichtung neuer Stockwerke und jede anderweitige Veränderung der Struktur oder Bauart des Gebäudes oder der Gemeinschaftsanlagen berühren den Errichtungstitel und unterliegen den Vorschriften, die für dessen Abänderung gelten. In dem Beschluß sind die Art der Neuerung, die Veränderungen, die hierdurch bei der Beschreibung des Grundstücks und seiner Wohnungen oder Geschäftsräume entstehen, eine Änderung der Anteile und der oder die Inhaber der neuen Wohnungen oder Geschäftsräume im einzelnen aufzuführen.

Artikel 12

Die Eigentümer wählen aus ihrer Mitte einen Präsidenten, der die Gemeinschaft in den sie betreffenden Angelegenheiten gerichtlich und außergerichtlich vertritt.
Sofern weder die Satzung einen Sekretär oder Verwalter vorsieht, noch jemand von den Eigentümern hierzu bestellt wird, müssen diese Ämter zugleich vom Präsidenten wahrgenommen werden. Verwalter oder Verwalter-Sekretär brauchen der Eigentümergemeinschaft nicht anzugehören.
Die Ernennung erfolgt jeweils für ein Jahr mit anschließender stillschweigender Verlängerung für den gleichen Zeitraum, sofern in der Satzung nichts anderes bestimmt ist.
In jedem Falle können die Ernannten in einer zu diesem Zwecke einberufenen außerordentlichen Eigentümerversammlung abgewählt werden.
Gleichwohl können die Eigentümer eines Gebäudes mit Wohnungen und Geschäftsräumen die Verwaltung nach der Bestimmung des Artikel 398 des Código civil regeln, wenn ihre Zahl vier nicht überschreitet und sie es ausdrücklich in ihrer Satzung bestimmen.

Artículo 13

Corresponde a la Junta de propietarios:

Primero. Nombrar y remover a las personas que ejerzan los cargos mencionados en el artículo anterior y resolver las reclamaciones que los titulares de los pisos formulen contra la actuación de aquéllos.

Segundo. Aprobar el plan de gastos e ingresos previsibles y las cuentas correspondientes.

Tercero. Aprobar la ejecución de obras extraordinarias y de mejora y recabar fondos para su realización.

Cuarto. Aprobar o reformar los estatutos y determinar las normas de régimen interior.

Quinto. Conocer y decidir en los demás asuntos de interés general para la comunidad, acordando las medidas necesarias o convenientes para el mejor servicio común.

Artículo 14

La asistencia a la junta de propietarios será personal o por representación legal o voluntaria, bastando para acreditar ésta un escrito firmado por el propietario.

Si algún piso pertenece proindiviso a diferentes propietarios, éstos nombrarán un representante para asistir y votar en las juntas.

Si se hallare en usufructo, la asistencia y el voto corresponden al nudo propietario, quien, salvo manifestación en contrario, se entenderá representado por el usufructuario, debiendo ser expresa la delegación cuando se trate de los acuerdos a que se refiere el número primero del artículo 16, o de obras extraordinarias y de mejora.

Artikel 13

Aufgaben der Eigentümerversammlung sind:

1. Ernennung und Abberufung der Personen, die die im vorigen Artikel erwähnten Ämter ausüben, und Beschlußfassung über Beanstandungen der Eigentümer hinsichtlich der Tätigkeit jener Personen.
2. Genehmigung des Plans hinsichtlich der voraussichtlichen Einnahmen und Ausgaben und der damit zusammenhängenden Rechnungen.
3. Zustimmung zur Vornahme von außerordentlichen und Verbesserungsarbeiten und Bereitstellung der zu ihrer Verwirklichung erforderlichen Mittel.
4. Billigung und Änderung der Satzung sowie Aufstellung von Regeln der inneren Ordnung.
5. Kenntnisnahme und Entscheidung über die übrigen Angelegenheiten der Gemeinschaft von allgemeinem Interesse, Beschlußfassung über die damit zusammenhängenden erforderlichen und zweckmäßigen Maßnahmen zur Verbesserung der die Gemeinschaft betreffenden Dienste.

Artikel 14

An der Versammlung der Wohnungseigentümer nehmen entweder die Eigentümer persönlich oder durch einen gesetzlichen oder freiwilligen Vertreter teil, wobei die Vertretung lediglich mit einem vom Eigentümer unterzeichneten Schreiben belegt zu werden braucht.

Gehört eine Eigentumswohnung ungeteilt verschiedenen Eigentümern, so ernennen diese einen Vertreter, der an der Versammlung teilnimmt und Stimmrecht hat.

Ist an einer Wohnung ein Nießbrauchrecht bestellt, so ist gleichwohl der Eigentümer zur Teilnahme und Abstimmung in der Eigentümerversammlung berechtigt; wenn jedoch keine gegenteilige Regelung mitgeteilt ist, wird davon ausgegangen, daß der Eigentümer durch den Nießbrauchsberechtigten vertreten wird; wenn es sich jedoch um eine Beschlußfassung nach Artikel 16 Ziffer 1 oder um außerordentliche oder Verbesserungsarbeiten handelt, so muß die Bevollmächtigung ausdrücklich erfolgen.

Artículo 15

La junta de propietarios se reunirá por lo menos una vez al año para aprobar los presupuestos y cuentas, y en las demás ocasiones que lo considere conveniente el presidente o lo pidan la cuarta parte de los propietarios, o un número de éstos que representen al menos el veinticinco por ciento de las cuotas de participación.
La convocatoria la hará el presidente y, en su defecto, los promotores de la reunión, con indicación de los asuntos a tratar y hora, día y lugar de la junta, entregándose las citaciones, por escrito, en el domicilio que hubiere designado cada propietario y, en su defecto, en el piso a él perteneciente.
La citación para la Junta ordinaria anual se hará, cuando menos, con seis días de antelación, y para las extraordinarias, con la que sea posible para que pueda llegar a conocimiento de todos los interesados. La junta podrá reunirse válidamente aun sin convocatoria del presidente, siempre que concurran la totalidad de los propietarios y así lo decidan.

Artículo 16

Los acuerdos de la junta de propietarios se sujetarán a las siguientes normas:

Primera. La unanimidad para la validez de los que impliquen aprobación o modificación de reglas contenidas en el título constitutivo de la propiedad o en los estatutos.
Los propietarios que, debidamente citados, no hubieran asistido a la junta serán notificados de modo fehaciente y detallado del acuerdo adoptado por los presentes, y, si en el plazo de un mes a contar de dicha notificación, no manifiestan en la misma forma su discrepancia, se entenderán vinculados por el acuerdo, que no será ejecutivo hasta que transcurra tal plazo, salvo que antes manifestaren su conformidad.

Segunda. Para la validez de los demás acuerdos bastará el voto de la mayoría del total de los propietarios que, a su vez, representen la mayoría de las cuotas de participación.

Artikel 15

Die Eigentümerversammlung tritt wenigstens einmal jährlich zusammen, um über das Budget und die Kosten zu beschließen; sonst tritt sie zusammen, wenn dies ihr Präsident für zweckmäßig erachtet oder ein Viertel der Eigentümer oder eine Anzahl Eigentümer verlangt, die zumindest ein Viertel der Anteile vertritt.

Die Einberufung geschieht durch den Präsidenten und in seiner Ermangelung durch die, die die Einberufung verlangen unter Angabe der zu behandelnden Angelegenheiten, der Stunde, des Tages und des Ortes der Versammlung, wobei die Einladung schriftlich an die Anschrift, die von jedem Eigentümer angegeben wurde, zu erfolgen hat; andernfalls ist als Anschrift die der Eigentumswohnung maßgeblich.

Die Einberufung der jährlichen ordentlichen Eigentümerversammlung muß mit einer Frist von mindestens 6 Tagen erfolgen; werden außerordentliche Eigentümerversammlungen einberufen, so ist die Frist so zu bemessen, daß hiervon sämtliche Interessierte Kenntnis erlangen können. Gleichwohl kann die Eigentümerversammlung auch ohne Einberufung durch den Präsidenten rechtswirksam zusammentreten, wenn sämtliche Eigentümer zusammenkommen und diese es so beschließen.

Artikel 16

Die Beschlüsse der Eigentümerversammlung unterliegen folgenden Regeln:

1. Einstimmigkeit für die Gültigkeit von Beschlüssen, wonach Bestimmungen, die in der Errichtungsurkunde oder in der Satzung enthalten sind, aufgestellt oder abgeändert werden.

   Wer als Eigentümer trotz Ladung nicht zur Versammlung erscheint, wird in beweiskräftiger und detaillierter Art und Weise von den getroffenen Beschlüssen in Kenntnis gesetzt; wird nicht binnen eines Monats nach der Unterrichtung in der gleichen Art und Form die Ablehnung bekundet, so werden die Beschlüsse nach Fristablauf allgemeinverbindlich, es sei denn, das Einverständnis wird zuvor erklärt.
2. Die übrigen Beschlüsse bedürfen zu ihrer Gültigkeit der absoluten Mehrheit der Eigentümer, die auch die Mehrheit der Anteile vertreten müssen.

Si la mayoría no pudiera obtenerse por falta de asistencia de los propietarios, se procederá a una nueva convocatoria con los mismos requisitos de la primera, y en las que serán válidos los acuerdos adoptados por la mayoría de los asistentes, siempre que ésta represente, a su vez, más de la mitad del valor de las cuotas de los presentes.

Cuando la mayoría no se pudiera lograr por los procedimientos establecidos en los párrafos anteriores, el Juez, a instancia de parte, deducida en el mes siguiente a la fecha de la segunda junta, y oyendo en comparecencia a los contradictores previamente citados, resolverá en equidad lo que proceda dentro de veinte días, contados desde la petición, haciendo pronunciamiento sobre el pago de costas.

Tercera. Cuando los propietarios que representen por lo menos la cuarta parte de las cuotas de participación estimaren gravemente perjudical para ellos el acuerdo de la mayoría, podrán acudir al Juez para que decida sobre la procedencia del mismo, por los trámites establecidos en el número segundo de este mismo artículo. La decisión del juez será ejecutiva e inapelable, sin perjuicio del derecho de las partes, a promover judicialmente la acción que pudiera corresponderles.

Cuarta. Los acuerdos contrarios a la Ley o a los estatutos serán impugnables ante la autoridad judicial por cualquiera de los propietarios disidentes, pero el acuerdo será provisionalmente ejecutivo, salvo que el Juez ordene la suspensión.

La acción deberá ejercitarse dentro de los treinta días siguientes al acuerdo o a la notificación, si hubiere estado ausente el que impugne.

Quinta. Será juez competente para conocer de las cuestiones a que se refieren los números segundo y tercero del presente artículo el municipal o comarcal del lugar donde esté sita la finca.

Wenn diese Mehrheit aufgrund des Fehlens von Eigentümern nicht erreicht wird, wird eine neue Eigentümerversammlung aufgrund der gleichen Voraussetzungen wie bei der vorhergehenden einberufen, die gültige Beschlüsse mit der Mehrheit der Anwesenden fassen kann, vorausgesetzt jedoch, daß diese gleichzeitig auch die Mehrheit der anwesenden Anteile vertritt.
Kommt hingegen aufgrund der in den obigen Absätzen niedergelegten Verfahrensweise ein Mehrheitsbeschluß nicht zustande, so entscheidet der Richter auf Antrag der klagenden Partei innerhalb eines Monats nach der zweiten Eigentümerversammlung nach Ladung und Anhörung der widerstreitenden Parteien aufgrund der Regeln der Billigkeit; die Entscheidung ergeht binnen 20 Tagen nach Antragstellung und regelt auch die Kostentragungspflicht.

3. Wenn sich zumindest ein Viertel der Anteilseigner durch Beschlüsse der Mehrheit in ihren Rechten erheblich beeinträchtigt fühlt, so kann dieses den Richter anrufen und die gerichtliche Überprüfung nach den Regeln herbeiführen, die Ziffer 2 dieses Gesetzes bestimmen.
Die Entscheidung des Richters ist vollstreckbar und unanfechtbar, jedoch unbeschadet des Rechts der Parteien, eine entsprechende Klage anhängig zu machen.

4. Beschlüsse, die gegen das Gesetz oder die Satzung verstoßen, können von jedem der abwesenden Eigentümer gerichtlich angefochten werden; gleichwohl sind die Beschlüsse einstweilig vollziehbar, es sei denn, der Richter ordnet deren Aussetzung an.
Die Klage muß von Anwesenden binnen 30 Tagen nach Beschlußfassung oder von Abwesenden innerhalb der gleichen Frist nach Bekanntmachung erhoben werden.

5. Zuständiger Richter für Streitigkeiten gemäß Ziffer 2 und 3 dieses Artikels ist der städtische oder ländliche Richter des Ortes (Juez Municipal o Juez Comarcal), an dem das Grundstück belegen ist.

Artículo 17

Los acuerdos de la junta de propietarios se reflejarán en un libro de actas, foliado y sellado por el Juzgado municipal o comarcal correspondiente al lugar de la finca o diligenciado por Notario.

Artículo 18

Corresponde al administrador:

Primero. Velar por el buen régimen de la casa, sus instalaciones y servicios, y hacer a estos efectos las oportunas advertencias y apercibimientos a los titulares.

Segundo. Preparar con la debida antelación y someter a la junta el plan de gastos previsibles, proponiendo los medios necesarios para hacer frente a los mismos.

Tercero. Atender a la conservación y entretenimiento de la casa, disponiendo las reparaciones ordinarias, y en cuanto a las extraordinarias, adoptar las medidas urgentes, dando inmediata cuenta a la junta, o, en en su caso, a los propietarios.

Cuarto. Ejecutar los acuerdos adoptados en materia de obras y y efectuar los pagos y realizar los cobros que sean procedentes.

Quinto. Actuar, en su caso, como secretario de la junta, y custodiar, a disposición de los titulares, la documentación de la comunidad.

Sexto. Todas las demás atribuciones que se confieran por la junta.

Artículo 19

La infracción de las prohibiciones establecidas en el párrafo tercero del artículo séptimo dará lugar al apercibimiento al titular o, en su caso, al ocupante del piso o local. Desatendido el requerimiento por el titular ocupante, la junta podrá instar y obtener judicialmente la privación del uso del piso o local a aquél y a quienes con él convivan. Dicha privación la fijará discrecionalmente el Juez por un plazo no superior

Artikel 17

Die Beschlüsse der Eigentümerversammlung sind in einem Beschlußbuch niederzulegen, das fortlaufend numeriert und entweder vom städtischen oder ländlichen Richter des Ortes, an dem das Grundstück gelegen ist, abgestempelt oder von einem Notar beglaubigt sein muß.

Artikel 18

Dem Verwalter obliegt es:

1. Über das Wohl des Hauses zu wachen, desgleichen über seine Einrichtungen und Dienste und sich in diesem Zusammenhange an die Eigentümer mit zweckdienlichen Wahrnehmungen und Mahnungen zu richten;
2. der Eigentümerversammlung rechtzeitig eine Aufstellung über die voraussichtlichen Kosten und die erforderlichen Mittel zu unterbreiten, um entsprechendes veranlassen zu können;
3. für die Erhaltung und Unterhaltung des Hauses zu sorgen, um die gewöhnlichen Reparaturen zu veranlassen sowie im Falle von außerordentlichem sofortige Maßnahmen zu ergreifen, wobei unverzüglich der Versammlung oder statt ihrer den Eigentümern Rechnung zu legen ist;
4. die Beschlüsse bezüglich der Arbeiten auszuführen, Zahlungen zu bewirken und Beiträge einzuziehen;
5. sich im Falle seiner Ernennung zum Sekretär als Schriftführer der Eigentümerversammlung zu betätigen, den Eigentümern bei der Aufbewahrung von Gemeinschaftsurkunden zur Verfügung zu stehen;
6. alle übrigen Tätigkeiten auszuführen, die ihm von der Eigentümerversammlung übertragen werden.

Artikel 19

Wer als Eigentümer oder Besitzer einer Wohnung oder eines Geschäftslokales der Bestimmung des Artikel 7 Absatz 3 dieses Gesetzes zuwiderhandelt, wird vom Verwalter verwarnt. Die Eigentümerversammlung kann erforderlichenfalls im Klagewege gegen die Eigentümer oder gegen den oder die Besitzer der Wohnung oder des Ge-

a dos años, atendida la gravedad de la falta, sin que afecte a los restantes derechos dominicales y a las obligaciones derivadas del título.
Asimismo tendrá la junta acción contra el ocupante no propietario para obtener del Juez el lanzamiento o resolución del contrato, en su caso; pero sólo podrá ejercitarla cuando el titular no lo hiciere en el plazo prudencial que se le hubiera señalado en requerimiento fehaciente.
Para el ejercicio de las expresadas acciones judiciales se seguirán los trámites del proceso abreviado de cognición, siendo Juez competente el municipal o comarcal del lugar donde esté sita la finca, salvo lo dispuesto en la Ley de Arrendamientos Urbanos.

Artículo 20

Las obligaciones a que se refiere el número quinto del artículo 9.º serán cumplidas por el que tenga la titularidad del piso o local, en el tiempo y forma determinados por la junta. Si no lo hiciere, será requerido de pago en forma fehaciente, y de no verificar éste en el plazo de quince días, se le podrá exigir por vía judicial.

Artículo 21

El régimen de propiedad horizontal se extingue:

Primero. Por la destrucción del edificio, salvo pacto en contrario. Se estimará producida aquélla cuando el coste de la reconstrucción exceda del cincuenta por ciento del valor de la finca al tiempo de ocurrir el siniestro, a menos que el exceso de dicho coste esté cubierto por un seguro.

schäftslokals vorgehen, wenn der ausgesprochenen Mahnung keine Folge geleistet wird. Der Richter kann im Wege des Ermessens und unter Abwägung der Schwere der Zuwiderhandlung eine Besitzentziehung anordnen, die jedoch den Zeitraum von 2 Jahren nicht überschreiten darf; hiervon werden jedoch nicht die übrigen Eigentumsrechte und die aus ihnen folgenden Verpflichtungen betroffen.
Gleichfalls kann die Eigentümerversammlung Maßnahmen gegen den Besitzer der Wohnung ergreifen, um die gerichtliche Räumung der Wohnung oder die Auflösung des Vertrages zu erreichen; dies ist jedoch nur zulässig, wenn der Eigentümer Entsprechendes nicht innerhalb eines ihm hierzu beweiskräftig aufgegebenen angemessenen Zeitraumes veranlaßt hat.
Entsprechende Klagen richten sich nach den Vorschriften über das abgekürzte Erkenntnisverfahren; zuständiger Richter ist der städtische oder ländliche Richter (Juez municipal o comarcal), in dessen Bezirk das Grundstück liegt; Ausnahmen bestehen nach dem Gesetz über städtische Mietverträge (Ley de Arrendamientos Urbanos).

Artikel 20

Der Eigentümer einer Wohnung oder eines Geschäftslokals hat die Verpflichtungen gemäß Artikel 9 Ziffer 5 innerhalb des Zeitraumes und in der Weise zu erfüllen, wie es die Eigentümerversammlung beschließt. Wenn die Zahlung nicht entsprechend bewirkt wird, ergeht beweiskräftige Zahlungsaufforderung; sofern dieser nicht binnen 15 Tagen Folge geleistet wird, kann der Anspruch gerichtlich verfolgt werden.

Artikel 21

Das Wohnungseigentum endet:

1. Durch die Zerstörung des Gebäudes vorbehaltlich gegenteiliger Vereinbarung. Sie gilt als eingetreten, wenn die Kosten des Wiederaufbaues 50 % des Wertes des Grundstücks zu der Zeit des Eintritts des Unglücks übersteigen, falls nicht der übersteigende Betrag der genannten Kosten durch eine Versicherung gedeckt ist;

Segundo. Por conversión en propiedad o copropiedad ordinarias.

Disposiciones transitorias

Primera. La presente Ley regirá todas las comunidades de propietarios, cualquiera que sea el momento en que fueron creadas y el contenido de sus estatutos, que no podrán ser aplicados en contradicción con lo establecido en la misma.
En el plazo de dos años, a contar desde la publicación de esta Ley en el «Boletín Oficial del Estado», las comunidades de propietarios deberán adaptar sus estatutos a lo dispuesto en ella en lo que estuvieren en contradicción con sus preceptos.
Transcurridos los dos años, cualquiera de los propietarios podrá instar judicialmente la adaptación prevenida en la presente disposición por el procedimiento señalado en el número segundo del artículo 16.

Segunda. En los actuales estatutos reguladores de la propiedad por pisos, en los que esté establecido el derecho de tanteo y retracto en favor de los propietarios, se entenderán los mismos modificados en el sentido de quedar sin eficacia tal derecho, salvo que, en nueva junta, y por mayoría que represente al menos el ochenta por ciento de los titulares, se acordare el mantenimiento de los citados derechos de tanteo y retracto en favor de los miembros de la comunidad.

Disposición final

Quedan derogadas cuantas disposiciones se opongan a lo establecido en esta Ley.

2. durch Umwandlung des Wohnungseigentums in Allein- oder gewöhnliches Miteigentum.

Übergangsbestimmungen

1. Das vorliegende Gesetz gilt für alle Wohnungseigentumsgemeinschaften, unabhängig davon, wann diese gebildet wurden und was der Inhalt ihrer Satzungen ist; Satzungsbestimmungen, die dem Gesetz widersprechen, verlieren ihre Gültigkeit.
Innerhalb eines Zeitraumes von zwei Jahren nach Veröffentlichung dieses Gesetzes im Spanischen Staatsanzeiger haben die Eigentümergemeinschaften ihre Satzungen an dieses anzupassen, sofern sie dessen Bestimmungen widersprechen.
Nach Ablauf der zwei Jahre, kann jeder Eigentümer gerichtlich die Anpassung der Satzung nach der Verfahrensweise des Artikels 16 Ziffer 2 verlangen.
2. Satzungsbestimmungen, wonach den übrigen Eigentümern ein Vor- oder Rückkaufsrecht zusteht, verlieren ihre Gültigkeit, wenn nicht in einer neuen Eigentümerversammlung mit einer Mehrheit von 80 % der Eigentümer beschlossen wird, daß die entsprechenden Bestimmungen zugunsten der Mitglieder der Gemeinschaft bestehenbleiben.

Schlußbestimmungen

Bestimmungen, die diesem Gesetz widersprechen, werden aufgehoben.

Radio Maritim – Mitglied der Internationalen Assoziation Deutschsprachiger Medien e.V. (IADM)

C. Synoptische Darstellung des spanischen Wohnungseigentumsrechts

1. Schaubild: **Allgemeine Regeln**

2. Schaubild: **Die Gemeinschaft, ihre Ämter und Organe**

3. Schaubild: **Eigentümerversammlungen**

4. Schaubild: **Beschlüsse auf Eigentümerversammlungen**

5. Schaubild: **Gültigkeit und Anfechtbarkeit von Beschlüssen**

6. Schaubild: **Rechte und Pflichten der Eigentümer**

7. Schaubild: **Verbote, Zuwiderhandlungen, zuständige Richter, Erlöschen der Gemeinschaft**

SPANISCHES WOHNUNGSEIGENTUM

Schaubild I: **Allgemeine Regeln**

Besonderheiten des Wohnungseigentums (Art. 1 LPH)*

* Artikel ohne Bezeichnung sind solche der Ley de Propiedad Horizontal

- Art. 396 Código Civil
  - A. Das Wohnungseigentum schließt Miteigentum an den Gemeinschaftseinrichtungen des Gebäudes ein.
    - z.B. Boden, Luftraum, Dächer, Durchgänge, Treppen, Höfe, Fundamente, Gräben, Mauern, Portierloge, Rohrleitungen, Dienstbarkeiten.
  - B. Die Gemeinschaftseinrichtungen können nicht geteilt werden.
  - C. Es besteht kein gesetzliches Vorkaufsrecht unter den Eigentümern.
  - D. Die Gemeinschaft unterliegt diesem Gesetz und den sich hieraus ergebenden Befugnissen.
- Art. 401 Código Civil
  - E. Ein Gebäude kann in Wohnungseigentum aufgeteilt werden.
    - Wenn die Merkmale dies erlauben. Auf Antrag eines Miteigentümers in der Form gem. § 396 Código Civil.

Eintragung des Wohnungseigentums in das Register (Art. 2). Es werden unter einer einzigen Nr. und als eine Gebäudeeinheit eingetragen (Art. 8 Ley Hipotecaria).

- A. Städtische Grundstücke und Gebäude, auch wenn sie versch. Eigentümern gehören.
- B. Gebäude in Wohnungseigentum, deren Bau vollendet oder zumindest begonnen ist.
- C. Wohnungen oder Geschäftsräume eines Gebäudes mit Wohnungseigentum, wenn zuvor die Bildung des Raumeigentums feststeht.

Rechtstitel und dessen Eintragung (Art. 5)

- Obligatorischer Inhalt:
  - A. Beschreibung des gesamten Gebäudes, der Versorgungseinrichtungen und Anlagen.
  - B. Zuweisung der lfd. Nr. für jedes Appartement.
  - C. Beschreibung eines jeden Appartements, mit Angabe von . . . . .
    - Größe, Grenzen und Stockwerken, angrenzenden Appartements.
  - D. Beteiligungsquote für jedes Appartement im Verhältnis zum Gesamtgebäude, unter der Berücksichtigung von . . . .
    - Nutzfläche und Lage, Lage (innen und außen), voraussichtliche Nutzung der gemeinschaftlichen Einrichtungen.
- Fakultativer Inhalt:
  - Satzung über die Begründung und Ausübung von Rechten, die im Gesetz nicht verboten sind, über . . . .
    - Verwendung und Bestimmung des Gebäudes. Verwendung der Appartements. Verwendung der Gemeinschaftseinrichtungen.

Schaubild II: **Die Gemeinschaft, ihre Ämter und Organe**

Grundsatz: Die Gemeinschaft besteht aus allen Miteigentümern des Gebäudes, diese bilden die Eigentümergemeinschaft

Obligatorische Ämter u. Organe: *Präsident* (Art. 12)	A. Muß Eigentümer sein. B. Amtsdauer: 1 Jahr, verlängerbar. C. Übernimmt Ämter des Sekretärs und des Verwalters, sofern diese von der Eigentümerversammlung nicht gewählt werden.	*Funktionen:* 1. Gerichtliche und außergerichtliche Vertretung der Gemeinschaft. 2. Einberufung der Eigentümerversammlungen. 3. Präsident führt auf den Versammlungen den Vorsitz.
Freiwillige Ämter und Organe: *Sekretär* (Art. 17)	A. Muß nicht Eigentümer sein. B. Amtsdauer: 1 Jahr, verlängerbar. C. Kann das Amt des Verwalters übernehmen.	1. Führung der Bücher und Dokumente der Gemeinschaft. 2. Vornahme der Eintragungen im Protokollbuch. 3. Ausfertigung von Bescheinigungen über die Protokolle. 4. Er hat dafür Sorge zu tragen, daß die Ladungen zu den Eigentümerversammlungen rechtzeitig und in gültiger Form erfolgen.
Verwalter (Art. 13)	A. Muß nicht Eigentümer sein. B. Amtsdauer: 1 Jahr, verlängerbar. C. Kann das Amt des Sekretärs übernehmen.	1. Für die geordnete Verwaltung des Hauses sowie der Anlagen und Einrichtungen Sorge zu tragen. Er erteilt den Eigentümern zweckdienliche Hinweise und Mahnungen. 2. Rechtzeitige Ausarbeitung des Budgets der Eigentümerversammlung. 3. Sorgetragung für die Erhaltung des Gebäudes. 4. Veranlassung gewöhnlicher Reparaturen. 5. Ergreifung sofortiger Maßnahmen bei dringenden Reparaturen, Unterrichtung der Gemeinschaft hiervon. 6. Er führt Beschlüsse der Gemeinschaft über Bauarbeiten aus. 7. Er nimmt Zahlungen vor und zieht fällige Forderungen ein. 8. Er führt alle übrigen Aufgaben durch, die ihm von der Versammlung übertragen werden.
Vizepräsident	Vom Gesetz selbst nicht vorgesehen, hat sich aber in der Praxis eingebürgert.	Vertritt den Präsidenten im Falle seiner Verhinderung.
Kassenwart	Vom Gesetz selbst nicht vorgesehen, hat sich aber in der Praxis eingebürgert.	Kassenführung, Zahlungsverkehr.
Beirat	Vom Gesetz selbst nicht vorgesehen, hat sich aber in der Praxis eingebürgert.	Steht dem Präsidenten beratend zur Seite.

Schaubild III: **Eigentümerversammlungen**

Art der Teilnahme (Art. 14)

1. Persönlich
2. Aufgrund gesetzlicher Vertretung.
3. Aufgrund besonderer schriftlicher Vollmacht.
4. Als Miteigentümer einer Wohnung oder eines Geschäftsraums.
5. Als Nießbraucher, Sondervollmacht des Eigentümers ist nur erforderlich für Beschlüsse, die der Einstimmigkeit bedürfen.

Eigentümerversammlungen (Art. 15)

A. *Ordentliche*: Mindestens einmal jährlich, um die Organe zu wählen oder in ihrem Amt zu bestätigen, um Buchführung und Budget gutzuheißen und um Entlastung zu erteilen.

B. *Außerordentliche*:
1. Auf Antrag des Präsidenten
2. Auf Antrag eines Viertels der Eigentümer.
3. Auf Antrag von 25% der Anteilsquoten.

Ladungen zu den Eigentümerversammlungen (Art. 15)

A. Nicht notwendig ist das Erscheinen sämtlicher Eigentümer.

B. Die Einladung erfolgt durch den Präsidenten oder durch denjenigen, der die Versammlung einberuft.

C. Die Einladung muß enthalten: Ort der Versammlung, Tag und Stunde der Versammlung, Tagesordnung.

D. Die Ladung wird an die vom Eigentümer mitgeteilte Anschrift oder ggf. an seine Eigentumswohnung gesandt.

E. Frist:
1. Bei ordentlichen Versammlungen 6 Tage.
2. Bei außerordentlichen Versammlungen mit ausreichender Frist, so daß sämtliche Eigentümer hiervon Kenntnis erlangen können.

Schaubild IV: **Beschlüsse auf Eigentümerversammlungen**

A. *Einstimmig:*

1. Aufstellung oder Änderung einer Satzung (Art. 13).
2. Abänderung der Beteiligungsquoten (Art. 16).
3. Festlegung neuer Beteiligungsquoten bei Veränderung von Raumeigentum.
4. Errichtung neuer Geschosse (Art. 11).
5. Vornahme einer neuen Kostenaufteilung (Art. 16).
6. Änderung der Struktur oder Gestaltung des Gebäudes oder von Gemeinschaftseinrichtungen (Art. 7).

B. *4/5-Mehrheit der Eigentümer:* Schaffung neuer gemeinschaftlicher Einrichtungen von allg. Interesse (Art. 9).

C. *Mehrheit der Eigentümer und der Beteiligungsquoten* (Art. 13)

1. Wahl in ein Amt.
2. Amtsenthebung auf einer außerordentlichen Versammlung.
3. Behebung von Mißständen in bezug auf die Amtsführung.
4. Genehmigung des Plans hinsichtlich der voraussichtlichen Einnahmen und Ausgaben und der damit zusammenhängenden Rechnungen.
5. Genehmigung der Ausführung außerordentlicher Arbeiten.
6. Genehmigung von Verbesserungsarbeiten.
7. Bereitstellung der Geldmittel.
8. Billigung und Änderung von Regeln der inneren Ordnung bezügl. Nutzung der Gemeinschaftseinrichtungen.
9. Sonstige Angelegenheiten von allgemeinem Interesse.

Schaubild V: **Gültigkeit und Anfechtbarkeit von Beschlüssen**

Gültigkeit der Beschlüsse (Art. 16)

A. *Bei einstimmiger Annahme oder Annahme mit 4/5-Mehrheit:*	1. Bei Anwesenheit sämtlicher Miteigentümer. 2. Sofern nicht anwesende Miteigentümer innerhalb einer Frist von 30 Tagen nach der Benachrichtigung die Beschlüsse nicht anfechten.
B. *Einfache Mehrheit genügt:*	1. Bei der ersten Versammlung muß die Mehrheit der Eigentümer und der Beteiligungsquoten vertreten sein. 2. Bei der zweiten Zusammenkunft reicht die Mehrheit der Anwesenden zur Beschlußfassung aus, sofern diese gleichzeitig auch die Mehrheit der vertretenen Beteiligungsquoten darstellt. 3. Kommt eine Mehrheit nach Ziff. 1 oder Ziff. 2 nicht zustande, so kann auf Antrag ein Gerichtsbeschluß erlassen werden innerhalb eines Zeitraums von 30 Tagen nach Abhaltung der zweiten Eigentümerversammlung.

Anfechtbarkeit von Beschlüssen

A. Beschlüsse, die evident dem Gesetz widersprechen.	Klar und augenscheinlich dem Gesetz widersprechende Beschlüsse der Eigentümergemeinschaft sind gemäß der allgemeinen Rechtsnorm des Art. 6 Ziff. 3 des Código Civil nichtig. Es kann keine Bindungswirkung, auch keine provisorische bestehen.
B. Beschlüsse, die einen Verstoß gegen das Gesetz oder die Satzung darstellen können.	Bis zur Geltendmachung der Anfechtung besteht bei Beschlüssen, die möglicherweise dem Gesetz oder der Satzung widersprechen, eine Bindungswirkung, es sei denn, der Richter hebt die Bindungswirkung auf. Die Anfechtung ist innerhalb eines Zeitraums von 30 Tagen vor dem zuständigen Gericht geltend zu machen. Für Teilnehmer der Eigentümerversammlung beginnt der Lauf der Frist mit der Annahme der Beschlüsse, für Abwesende hingegen erst mit dem Zeitpunkt der Benachrichtigung.
C. Beschlüsse, die die Rechte von mindestens 25% des durch Beteiligungsquoten ausgedrückten Eigentums beeinträchtigen.	Beeinträchtigen Eigentümerbeschlüsse mindestens 25% der durch Beteiligungsquoten ausgedrückten Eigentümer, so können sie unter den gleichen Voraussetzungen wie zuvor die Beschlüsse anfechten. Der Richter entscheidet nach Maßstäben der Billigkeit. Die Parteien sind von ihm vorher anzuhören.

Schaubild VI: **Rechte und Pflichten der Eigentümer**

Rechte der Eigentümer:

A. Eigentumsrecht an dem im Rechtstitel näher bezeichneten Raum (Art. 3).
B. Miteigentumsrecht an den Gemeinschaftseinrichtungen (Art. 3).
C. Recht, innerhalb seines Appartements Einrichtungen, Nebeneinrichtungen und architektonische Elemente zu verändern.
D. Recht, sein Appartement zu unterteilen oder es an andere anzuschließen, jedoch vorbehaltlich der Genehmigung der Eigentümerversammlung (Art. 8).
E. Recht, sich an den Zahlungen für Verbesserungsarbeiten nicht zu beteiligen, sofern die Kosten hierfür über einer Monatszahlung liegen (Art. 10).
F. Recht, durchgeführte Verbesserungen zu nutzen, wenn es praktisch unmöglich ist, den Eigentümer von der Teilnahme an der Verbesserung auszuschließen.
G. Recht, sich zu widersetzen, wenn dem einzelnen Eigentümer durch die Verbesserung der Gebrauch oder die Nutzung eines Teiles des Gebäudes unmöglich gemacht würde (Art. 10).

Pflichten der Eigentümer:

A. Andere dürfen nicht bei der Ausübung ihrer Rechte beeinträchtigt werden (Art. 7).
B. Die allgemeinen Einrichtungen, auch wenn sie innerhalb der einzelnen Eigentumswohnung liegen, müssen respektiert werden.
C. Das Appartement ist in ordentlichem Zustande zu erhalten.
D. Der Eigentümer hat die Schäden zu ersetzen, die durch sein eigenes Verschulden oder das derjenigen Person entstehen, für die er einzustehen hat (Art. 9).
E. Unterrichtung des Präsidenten von den Änderungen, die der Eigentümer in seinem Appartement durchzuführen gedenkt.
F. Duldung der Ausführung von für das Gebäude notwendigen Reparaturen im eigenen Appartement.
G. Duldung von Installationen gemeinschaftlicher Einrichtungen im allgemeinen Interesse.
H. Gestattung des Zutritts zur Wohnung, damit die eingegangenen Verpflichtungen erfüllt werden.
I. Beitragsleistung nach Maßgabe der Beteiligungsquote zu den allgemeinen Kosten für die allgemein angemessene Unterhaltung des Grundstücks, seiner Einrichtungen, Abgaben, Lasten, Verpflichtungen.
J. Entrichtung der Beiträge zu Nebeneinrichtungen, auch wenn sie nicht benützt werden.
K. Der Eigentümer hat bei Nutzung des Grundstücks im Verhältnis zu den übrigen Eigentümern die notwendige Sorgfalt walten zu lassen (nachbarliches Gemeinschaftsverhältnis).
L. Verantwortung für Schäden und Zuwiderhandlungen, die durch Bewohner des Appartements verursacht werden.

Schaubild VII: **Verbote, Zuwiderhandlungen, zuständiger Richter, Erlöschen der Gemeinschaft**

Verbote für die Miteigentümer	A. Es dürfen keine Änderungen im restlichen Gebäude vorgenommen werden (Art. 7). B. Es dürfen keine Tätigkeiten ausgeübt werden, die schädlich, gefährlich, unmoralisch, störend, ungesund und durch die Satzung nicht gestattet sind (Art. 7). C. Kein Eigentümer kann neue Anlagen, Einrichtungen oder Verbesserungen verlangen, die nicht zur angemessenen Unterhaltung und Bewohnbarkeit des Grundstücks seiner Art entsprechend erforderlich sind.	
Zuwiderhandlungen *Nichtzahlung von Beteiligungsquoten + Kosten* (Art. 20)	A. Die Zahlung wird innerhalb von 15 Tagen angemahnt. B. Gerichtliche Geltendmachung, sofern die Mahnung nicht beachtet wurde.	entweder durch notariellen Akt oder durch Gerichtsverfahren.
Ausübung von unerlaubten, schädlichen, unmoralischen, störenden und gesundheitsschädlichen Tätigkeiten (Art. 19)	A. Eigentümer ist Bewohner:	1. Verwarnung 2. Gerichtlicher Antrag auf Nutzungsentzug der Wohnung oder des Geschäftslokals bis zu einem Zeitraum von 2 Jahren.
	B. Dritter ist Bewohner:	1. Aufforderung an den Eigentümer, die Räumung der Wohnung zu veranlassen. 2. Gerichtlicher Antrag gegen den Mieter der Wohnung, um die Auflösung des Vertrags und die Räumung zu erreichen. Erkenntnisverfahren.
Haftung (Art. 9)	Das Appartement oder Geschäftslokal haftet:	A. Für die Zahlung der Unkosten des lfd. Geschäftsjahres des vorhergehenden Geschäftsjahres. B. Für die Zuwiderhandlungen des Eigentümers. C. Für die Zuwiderhandlungen des Bewohners.
Zuständiger Richter (Art. 16, 17 u. 19)		Der Amtsrichter oder Gemeinderichter des Ortes, an dem das Gebäude gelegen ist, unbeschadet der Bestimmungen über das Gesetz über städtische Mietverträge.
Erlöschen der Eigentümergemeinschaft (Art. 21)		A. Durch Zerstörung des Gebäudes. B. Durch Umwandlung in gewöhnliches Eigentum oder ideelles Miteigentum.

C.

Nützliche Formulare auf deutsch und auf spanisch

Formular 1

Solicitud para convocar la junta de propietarios

....

(localidad) (día) (mes) (año)

Sr. Dn. ....
Presidente de la comunidad de propietarios de la calle .... número ....
de .... (...)
(localidad) (provincia)

Muy señor nuestro:
Los abajo firmantes, en base al artículo 15 de la ley española de propiedad horizontal, solicitan la convocatoria, en el plazo de siete días laborables, de la junta de propietarios, con el siguiente orden del día:

1. ....
2. ....
3. ....

Se han cumplido los presupuestos legales requeridos para la convocatoria de esta junta, ya que los abajo firmantes constituyen el 25 % de los propietarios o representan el 25 % de las cuotas de participación.
En el supuesto de que V. no convocara la junta dentro del plazo arriba citado, los abajo firmantes harán la convocatoria por sí mismos apoyados en el artículo 15 apartado 2 de la citada ley.

Con atentos saludos

fdo. .... fdo. .... fdo. .... fdo. .... fdo. .... fdo. ....

Número de vivienda	Propietario	Cuota
....	....	.... %
....	....	.... %
....	....	.... %
....	....	.... %

Formular 1

Antrag auf Einberufung der Eigentümerversammlung

Herrn
..............................., Präsident der
Eigentümergemeinschaft
„...“

Sehr geehrter Herr Präsident,

unter Bezugnahme auf Artikel 15 des spanischen Wohnungseigentumsgesetzes beantragen die Unterzeichner innerhalb von 7 Werktagen die Einberufung einer Eigentümerversammlung mit folgender Tagesordnung:

1. ....
2. ....
3. ....

Die gesetzlichen Voraussetzungen der Einberufung einer Eigentümerversammlung sind erfüllt, da die Unterzeichner 25 % der Eigentümer darstellen bzw. 25 % der Quoten von ihnen vertreten werden.
Wird die Eigentümerversammlung von Ihnen nicht innerhalb der oben genannten Frist anberaumt, behalten sich die Unterzeichner unter Hinweis auf die Bestimmung des Artikel 15 Absatz 2 des Wohnungseigentumsgesetzes die Einberufung der Eigentümerversammlung selbst vor.

Freundliche Grüße

gez. .... gez. .... gez. .... gez. .... gez. .... gez. ....

Wohnungsnummer	Eigentümer	Quote
1.	....	.... %
2.	....	.... %
3.	....	.... %
4.	....	.... %
5.	....	.... %
6.	....	.... %

Formular 2

Poder de representación en la junta de propietarios

Yo, Dn. ....
como propietario de la vivienda número .... de la comunidad de propietarios „..“ sita en .... calle .... número .... concedo a Dn. Dña. .... domiciliado en .... el poder para que me represente en la junta de propietarios que se celebrará el .... (y mientras no se lo revoque en todas las demás juntas de propietarios). El poder comprende la facultad de ejercer los derechos de voz y voto en todas las cuestiones referentes a la susodicha comunidad de propietarios.

Dado en .... a .... de .... de 197....
fdo. ....

Formular 3

Comunicación del nombramiento de representante en la junta de propietarios

....
(localidad) (día) (mes) (año)

Sr. Dn. ....
Presidente de la comunidad de propietarios de la calle .... número ....
de ....
(localidad) (provincia)

Muy Señor mio:

Con la presente le comunico que he nombrado a Dn. Dña. ....domiciliado en .... para que me represente en la junta de propietarios del día .... (y mientras no le revoque dicho poder en todas las demás juntas de propietarios). El poder comprende la facultad de ejercer los derechos de voz y voto en todas las cuestiones referentes a mis derechos en la comunidad de propietarios.

Atentamente le saluda
fdo. ....

Formular 3

Vertretungsvollmacht für Eigentümerversammlungen

Als Eigentümer der Wohnung Nr............., der Eigentümergemeinschaft „......................................“ in ...., ...straße ...., erteile ich Herrn, Frau, Fräulein ...., wohnhaft in .... Vollmacht, mich in der Eigentümerversammlung vom .... (und bis auf Widerruf in allen weiteren Eigentümerversammlungen) zu vertreten. Die Vollmacht umfaßt die Befugnis, in allen Angelegenheiten, die das obige Wohnungseigentum betreffen, mitzuwirken und abzustimmen.

Unterzeichnet am ...., in ....

....

Formular 3

Mitteilung der Vertreterbestellung an den Präsidenten der Eigentümerversammlung

Herrn

......................................, Präsident der

Eigentümergemeinschaft

„..“

Sehr geehrter Herr Präsident,

ich teile Ihnen hierdurch mit, daß mich in der Eigentümerversammlung am .... (und bis auf Widerruf in allen weiteren Eigentümerversammlungen) Herr, Frau, Fräulein ...., wohnhaft in ...., vertreten wird. Die Vollmacht umfaßt die Befugnis, in allen Angelegenheiten, die mein Wohnungseigentum betreffen, mitzuwirken und abzustimmen.

Unterzeichnet am ...., in ....

....

Formular 4

Oposición a acuerdos de la junta de propietarios
(Por carta certificada)

....
(localidad) (día) (mes) (año)

Sr. Dn. ....
Presidente de la comunidad de propietarios de la calle .... número ....
de .... (..)
(localidad) (provincia)

Muye Señor mío:
En la junta de propietarios del día .... a la que no puede asistir y para la que yo no había nombrado ningún representante mio, según se me ha comunicado por escrito del secretario de la misma recibido el día .... se adoptaron los siguientes acuerdos:

1. ....
2. ....
3. ....
4. ....

Contra el acuerdo (o los acuerdos) número (o números) .... manifiesto mi

OPOSICION

con todos los efectos que según la ley de propiedad horizontal y estatutos de nuestra comunidad de propietarios, mi voto en contra pueda tener.
Mi oposición al acuerdo (o acuerdos) la baso en los siguientes motivos:
1. ....
2. ....
3. ....
Atentamente le saluda
fdo. ....

Formular 4

Widerspruch gegen Beschlüsse der Eigentümerversammlung
Mit Einschreiben

An den Präsidenten der
Eigentümergemeinschaft
„..."

Sehr geehrter Herr Präsident,
in der Eigentümerversammlung vom ...., an der ich nicht teilnehmen konnte, und zu der ich auch keinen Vertreter bestellt hatte, wurden folgende Beschlüsse gefaßt laut Protokoll, das mir am .... zugestellt wurde:

1. ....
2. ....
3. ....
4. ....

Gegen den Beschluß zu 2. erhebe ich hierdurch

WIDERSPRUCH.

Den Widerspruch begründe ich wie folgt:

....

Unterzeichnet am ...., in ....

....

Formular 4

Notificatión al Administrador de reparaciones urgentes

....

(localidad) (día) (mes) (año)

Sr. Dn. ....
Administrador de la comunidad de propietarios de la calle .... no. ....
de .... (....................................)
(localidad) (provincia)

Muye Señor mío:

En base al artículo 7 apartado 2 de la ley española de propiedad horizontal le comunico que es necesario hacer reparaciones urgentes en

....

Atentamente le saluda

fdo. ....

Formular 6

Notificación al presidente de las obras que se pretenden llevar a cabo en la propia vivienda

....

(localidad) (día) (mes) (año)

Sr. Dn. ....
Presidente de la comunidad de propietarios de la calle .... no. ......
de .... (....................................)
(localidad) (provincia)

Muy Señor mio:

En cumplimiento del artículo 7 de la ley española de propiedad horizontal le comunico que me propongo llevar a cabo en mi vivienda las siguientes reformas:

1. ....
2. ....
3. ....

Ninguna de las anteriores reformas afecta a elementos de la comunidad ni de ninguno de sus titulares, por lo que no creo necesario recabar el acuerdo de la junta de propietarios para llevar a cabo tales obras.

Atentamente le saluda

fdo. ....

Formular 4

Mitteilung von dringenden Reparaturen an den Verwalter

Herrn

...., Verwalter der

Eigentümergemeinschaft

„ .... “

Sehr geehrter Herr ....,

unter Bezugnahme auf Artikel 7 Absatz 2 des spanischen Wohnungseigentumsgesetzes teile ich Ihnen hierdurch mit, daß bezüglich .... Reparaturarbeiten dringend notwendig sind.

Freundliche Grüße

....

Formular 6

Mitteilung beabsichtigter Änderungen an den Präsidenten

Herrn

...., Präsident der

Eigentümergemeinschaft

„ .... “

Sehr geehrter Herr Präsident,

unter Bezugnahme auf Artikel 7 des spanischen Wohnungseigentumsgesetzes teile ich mit, daß ich beabsichtige, in meiner Eigentumswohnung folgende Änderungen durchzuführen:

1. ....
2. ....
3. ....

Ich darf Ihnen ergänzend mitteilen, daß durch die Änderungsarbeiten Gemeinschaftseigentum nicht berührt wird, weshalb ich einen ausdrücklichen Beschluß der Eigentümerversammlung nicht für erforderlich halte.

gez. ....

Formular 5

Solicitud de decisión judicial sobre la adopción de un acuerdo que no consiguió la mayoría requerida

Al juzgado municipal (o comarcal) de ....

Dn. ...., mayor de edad, con domicilio en .... y como miembro de la comunidad de propietarios de .... con todo respeto a V. I. expone:

Que en la junta de propietarios tenida lugar el día ....
no se logró la mayoría requerida para la adopción del (de los) siguiente(s) acuerdo(s):

1. ....
2. ....

No obstante, la adopción de tal(es) acuerdo(s) es sumamente conveniente por los siguientes motivos:

1. ....
2. ....

Por todo lo cual suplica a V. I. que en base al artículo 16, no. 2 apartado 3 de la vigente ley de propiedad horizontal resuelva en equidad lo que estime procedente.

.... a .... de .... de 197.......
(localidad)

fdo. ....

Formular 5

Antrag auf gerichtliche Entscheidung zwecks Durchsetzung eines abgelehnten Beschlusses

An das

Amtsgericht ....

Herr, ...

Frau, ...

Fräulein, ...

volljährig, wohnhaft in ....

führt in seiner Eigenschaft als Mitglied der Eigentümergemeinschaft von .... folgendes aus:

In der Eigentümerversammlung, die am .... in .... stattfand, erhielten die nachstehenden Anträge nicht die erforderliche Mehrheit:

1. ....
2. ....

Die Anträge entsprechen hingegen dem Wohl der Gemeinschaft und den Gesamtinteressen der Wohnungs- und Geschäftsraumeigentümer aus folgenden Gründen:

1. ....
2. ....

Es wird deshalb beantragt, gerichtlich unter Hinweis auf Artikel 16 Ziffer 2 Absatz 3 des spanischen Wohnungseigentumsgesetzes antragsgemäß zu entscheiden.

gez. ....

Formular 6

Solicitud de decisión judicial contra un acuerdo perjudicial para una minoría

Al juzgado municipal (o comarcal) de ....

Los abajo firmantes, mayores de edad y miembros de la comunidad de propietarios de .... con todo respeto a V. I. exponen:

Que en la junta de propietarios tenida lugar el día .... se adoptó por mayoría el (los) siguiente(s) acuerdo(s):

1. ....
2. ....
3. ....

Tal(es) acuerdo(s) son gravemente perjudiciales para los abajo firmantes por los siguientes motivos:

1. ....
2. ....
3. ....

Por todo lo cual los abajo firmantes que representan (más de) la cuarta parte de las cuotas de participación suplican a V. I. que en base al artículo 16, no. 3 de la vigente ley de propiedad horizontal resuelva en equidad lo que estime más conveniente.

.... a .... de .... de 197....
(localidad)

fdo. .... fdo. .... fdo. .... fdo. .... fdo. .... fdo. ....

Número de vivienda	Propietario	Cuota
1.	....	.... %
2.	....	.... %
3.	....	.... %
4.	....	.... %
5.	....	.... %
6.	....	.... %

Formular 6

Antrag auf gerichtliche Entscheidung gegen einen nachteiligen Beschluß durch die Minderheit

An das
Amtsgericht ....
Die Unterzeichner, volljährig und Mitglieder der Eigentümergemeinschaft von .... führen folgendes aus:
In der Eigentümerversammlung, die am .... in .... stattfand, wurden durch Mehrheitsentscheidung folgende Beschlüsse angenommen:

1. ....
2. ....
3. ....

Aus den nachstehend aufgeführten Gründen bedeuten die gefaßten Beschlüsse für die Unterzeichner eine schwere Beeinträchtigung ihrer Rechte:

1. ....
2. ....
3. ....

Die Unterzeichner, die mehr als 1/4 der Anteile repräsentieren, beantragen unter Hinweis auf Artikel 16 Ziffer 3 des spanischen Wohnungseigentumsgesetzes eine Billigkeitsentscheidung zu treffen.

....

(Ort)

am ....

gez. .... gez. .... gez. .... gez. .... gez. .... gez. ....

Wohnungsnummer	Eigentümer	Quote
1.	....	.... %
2.	....	.... %
3.	....	.... %
4.	....	.... %
5.	....	.... %
6.	....	.... %

Formular 7

SAISONMIETVERTRAG

über eine Ferienwohnung

Zwischen

...., wohnhaft in ....

...., vertreten durch ....

....

– im folgenden **Vermieter** genannt –

und

...., wohnhaft in ....

...., vertreten durch ....

....

– im folgenden **Mieter** genannt –

wird folgender Mietvertrag geschlossen:

§ 1 Mietsache

Der Vermieter vermietet dem Mieter folgende Wohnung im Hause ...., Urbanisation ...., Block Nr.: .... Wohnungs-Nr.: ...., Ort: ...., bestehend aus .... zur zeitlich begrenzten Vermietung als Ferienwohnung.

§ 2 Mietzeit

Der Vermieter überläßt dem Mieter die oben beschriebene Wohnung für die Zeit von einschließlich ....
bis einschließlich ....*, beide Tage eingeschlossen.

§ 3 Miete

Die Miete für die oben bestimmte Mietzeit beträgt ....

(in Worten: ....)

§ 4 Nebenkosten, Vertragskosten

Der Mieter trägt alle Kosten, die durch diesen Vertrag entstehen sowie folgende weiteren Kosten:

....

* Zu beachten ist, daß bei einem Mietverhältnis, das über ein Jahr läuft, auch wenn es sich um Kettenmietverträge handelt, gesetzlich die Anwendbarkeit des L.A.U. bestimmt wird. Das bedeutet, daß das spanische Gesetz über städtische Mietverträge (Ley de arrendamientos urbanos) auch dann grundsätzlich Anwendung findet, wenn mehrere, fortlaufende und sich jeweils verlängernde Mietverträge nacheinander abgeschlossen worden sind. Andererseits gibt es jedoch auch zahlreiche Gerichtsentscheidungen, aus denen hervorgeht, daß das genannte spanische Gesetz auf Ferienwohnungen keine Anwendung findet.

§ 5 Mietzahlung

Die Miete ist bis zum .... auf das Konto Nr. .... bei der .... zu zahlen.

Weiterhin hat der Mieter bis zum .... auf das oben angegebene Konto eine unverzinsliche Kaution in Höhe von .... einzuzahlen.

§ 6 Untervermietung, Überlassung

Dem Mieter ist es nicht gestattet, die oben beschriebene Wohnung oder einen Teil derselben unterzuvermieten und sie einem Dritten zu überlassen.

§ 7 Benutzung, Rückgabe

Der Mieter darf die Mietsache nur zu dem im Vertrag bestimmten Zweck benutzen. Er hat die Wohnung in sauberem Zustand zu halten und sie sowie die Einrichtungsgegenstände schonend zu behandeln. Er ist nicht dazu berechtigt, bauliche Veränderungen vorzunehmen. Der Mieter hat die Hausordnung zu beachten und insbesondere Rücksicht auf andere Mieter des Hauses zu nehmen.

Bei Ende des Mietvertrages hat der Mieter die Wohnung sauber und in ordentlichem Zustand zurückzugeben. Die Schlüssel hat er am .... an .... zu übergeben.

Der Mieter haftet für alle Schäden, die dem Vermieter oder einem Mietnachfolger aus der Nichtbefolgung der vertraglich vereinbarten Pflichten entstehen.

§ 8 Betreten der Mietsache durch den Vermieter

Der Vermieter oder von ihm Beauftragte dürfen die Mietsache zur Prüfung ihres Zustandes oder zum Ablesen von Meßgeräten in angemessenen Abständen und nach rechtzeitiger Ankündigung betreten.

Bei Gefahr hat der Vermieter oder ein von ihm Beauftragter jederzeit das Recht, die Wohnung zu betreten. Bei längerer Abwesenheit hat der Mieter sicherzustellen, daß der Vermieter diese Rechte ausüben kann.

§ 9 Zusätzliche Vereinbarungen

....

§ 10

Im Hinblick auf die Belegenheit der Mietsache in Spanien unterliegt dieser Mietvertrag dem spanischen Recht, jedoch als Saisonmietvertrag nicht dem L.A.U.

Ort: ....

Datum: ....

....

Vermieter Mieter

Alphabetisches Sachregister

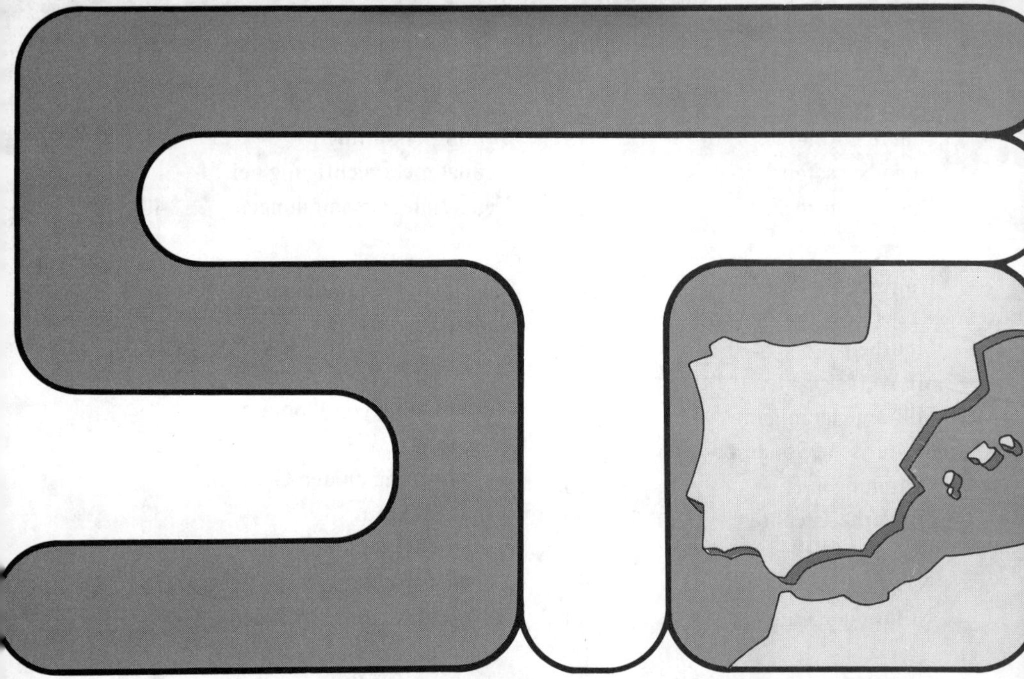

Bitte senden Sie
Ihr Verlagsprogramm

☐ Frankreich

☐ Spanien

an folgende Anschrift:

....

....

....

....

Drucksache
Werbeantwort

edition für
internationale wirtschaft

Postfach 2767

D - 6000 Frankfurt a. M. 1

SPANIEN-TREUHAND

Absender

....

....

....

Drucksache
Werbeantwort

SPANIEN-TREUHAND
Dr. Löber
Vermögensverwaltung
& Consulting GmbH

Schillerstraße 2
D-6000 Frankfurt 1

Ich bestelle aus der edition für internationale wirtschaft, Frankfurt, oder durch

☐ .... Expl.	**Wohnungseigentum in Spanien** von **Löber/Pérez**	**DM 35,–*)**
☐ .... Expl.	**Ausländer in Spanien** von **RA Dr. Burckhardt Löber**	**DM 28,–*)**
☐ .... Expl.	**Abkommen Deutschland/Spanien,** hrsg. von **RA Dr. Löber**	**DM 17,–*)**
☐ .... Expl.	**Aufenthalt, Erwerbstätigkeit und Investitionen in Spanien**	**DM 35,–*)**
☐ .... Expl.	**Nachlaß von Ausländern in Spanien** von **Löber/Simó**	**DM 35,–*)**
☐ .... Expl.	**Grundeigentum in Spanien** von **Löber u.a.**	**DM 35,–*)**
☐ .... Expl.	**Wohnungseigentum in Frankreich** von **Wietek**	**DM 38,–*)**
☐ .... Expl.	**Spanisches Wechselrecht** von **Reichmann/Löber** (in Vorbereitung)	**DM 38,–*)**
☐ .... Expl.	**Sammelband Deutschland/Spanien**	**DM 25,–*)**
☐ .... Expl.	**Vertragsgestaltung für Führungskräfte in Frankreich** von **Wietek**	**DM 68,–*)**

....
Name

....
Straße

....
Postleitzahl und Ort

....
Datum/Unterschrift

Scheck über DM .... ist beigefügt.

Betrag von DM .... wird überwiesen auf
Konto 5421417 der Commerzbank Frankfurt.
BLZ 500 400 00
*) zuzügl. DM 2,50 Porto und Versandkosten
pro Sendung

INFO-SCHECK

Wir erarbeiten für Sie das Konzept für Ihr Anliegen in Spanien. Kostenlos – bei Einsendung dieses Info-Schecks. Wir bieten Ihnen statt bunter Prospekte konkrete Vorschläge. Für Ihr Projekt.

Ich interessiere mich für eine kostenlose Information der Spanien-Treuhand. Bitte Sachgebiet ankreuzen.

- ☐ Immobilienerwerb und Immobilienverkauf in Spanien.
- ☐ Erbschaften und Nachlässe in Spanien
- ☐ Der Anlagemarkt in Spanien
- ☐ Der Absatzmarkt Spanien
- ☐ Vermögensverwaltung in Spanien

SPANIEN-
TREUHAND